Manche Menschen denken nie darüber nach, dass die ganze Menschheit nicht nur zum Sterben bestimmt ist, sondern dass unsere Zukunft es vorsieht, dass wir vor dem Gott des Universums stehen werden, um Rechenschaft vor ihm abzulegen. Rabbi Greg Hershbergs Buch *Stirb nicht in deinen Sünden* behandelt den Tod und das, was danach kommt. Wir brauchen einen Retter, der auf der anderen Seite des Grabes auf uns wartet und uns sicher heimbringen kann. Der Name dieses Retters ist Jesus (Jeschua auf Hebräisch). Er ist die Antwort für unser jetziges Leben und unser Leben in der Ewigkeit. Aber wie können wir diesen Retter kennenlernen und sicher sein, dass alles gut endet? Die Antwort findet sich auf diesen Seiten.

Dr. H. Dean Haun
Hauptpastor, First Baptist Church, Morristown, Tennessee
Präsident und Gründer von Harvest of Israel
Ehemaliger Präsident der Tennessee Baptist Convention

Rabbi Greg Hershberg hat ein praktisches und leicht lesbares Buch verfasst, das dir helfen wird, das Evangelium zu verstehen und deinen Glauben zu stärken.

Rabbi Jonathan Bernis
Präsident und CEO von Jewish Voice Ministries

I0532992

STIRB NICHT IN DEINEN SÜNDEN

STIRB NICHT IN DEINEN SÜNDEN

Eine einfache Erklärung der besten
Botschaft für die Menschheit

GREG HERSHBERG

INHALTSVERZEICHNIS

MEINE ERSTE BEGEGNUNG
MIT DEM TOD

Ich erinnere mich daran, als ob es gestern gewesen wäre. Als achtjähriger Junge saß ich in der Badewanne und hörte, wie meine Mutter weinte, als sie meinem Vater berichtete, dass meine Großmutter gestorben war. Es machte mich sehr traurig, meine Mutter weinen zu hören und zu wissen, dass ich meine Großmutter nie wieder sehen würde. Obwohl ich nur sehr wenig über den Tod und das Sterben wusste, war mir klar, dass sie für immer gegangen war. Sie war der letzte Großelternteil, den ich noch hatte, und es tat sehr weh. Sie war nicht nur mein letzter lebender Großelternteil, sondern sie war auch eine wunderbare, einfühlsame Person, die mich immer spüren ließ, dass sie mich lieb hatte.

Niemand hatte jemals mit mir über den Tod gesprochen und bisher war noch nie eine mir nahestehende Person gestorben. Also wusste ich nicht viel darüber, was mit einer Person nach dem Tod passiert. Der Tod ist ein Thema, über das die meisten von uns nicht gerne nachdenken oder sprechen. Doch leider werden wir alle den Tod erleben. Tatsächlich verlieren die meisten von uns viele Freunde, Familienmitglieder und andere Angehörige im Laufe des Lebens. Es ist eine traurige Tatsache, mit der wir nicht gerne konfrontiert werden. Wenn eine Person stirbt, verwenden wir sogar Ausdrücke, die den Schock etwas abmildern. Wir sagen beispielsweise: „Sie ist entschlafen." „Er ist an einem besseren Ort." Oder wir sagen: „Er ist heimgegangen." Tatsache ist jedoch, dass die Person gestorben ist.

Es gibt viele Gründe, warum so viele Menschen Angst vor dem Sterben haben. Ein Grund ist die Angst vor dem Unbekannten. Der Tod bleibt ein großes Fragezeichen, weil niemand in der Menschheitsgeschichte ihn je überlebt hat, um uns zu sagen, was wirklich nach unserem letzten Atemzug passiert. Es gibt einige Menschen, die behaupten, dass sie gestorben sind und dann in den Himmel oder in die Hölle kamen. Aber weil es keine wissenschaftlichen Beweise gibt, die ihre Geschichten bestätigen, werden sie von vielen nicht akzeptiert. Es liegt in der Natur des Menschen, dass wir unsere Welt verstehen und die Bedeutung herausfinden wollen.

Ein weiterer Grund, warum Menschen Angst vor dem Tod haben, ist die Angst vor dem Nicht-Dasein. Viele Menschen fürchten sich vor der Vorstellung, dass sie völlig aufhören werden zu existieren. Normalerweise bringen wir diese Ängste mit Atheisten oder anderen Leuten in Verbindung, die keine persönlichen, geistlichen oder religiösen Überzeugungen haben. Jedoch befürchten auch viele gläubige Menschen, dass ihr Glaube an ein Jenseits letztendlich gar nicht wahr ist oder dass sie sich das ewige Leben während ihres Lebens auf der Erde nicht verdient haben. Sogar gläubige Menschen haben mit der Vorstellung von Tod und Jenseits zu kämpfen.

Zudem gibt es die Angst vor der ewigen Strafe. Ähnlich wie die Angst vor dem Nicht-Dasein gilt diese Überzeugung nicht nur für fromme, religiöse Menschen oder aufrichtige Gläubige. Viele Menschen befürchten, unabhängig von ihrem religiösen Glauben und dem Mangel an geistlichen Überzeugungen, dass sie für das bestraft werden, was sie auf dieser Erde getan oder nicht getan haben. Sie haben dieses innere Gefühl, dass sie für ihre Verfehlungen zahlen müssen.

Hinzu kommt die Angst vor dem Kontrollverlust. Der Mensch möchte von Natur aus die Situationen, in denen er sich befindet, kontrollieren, aber der Tod bleibt etwas, das wir nicht kontrollieren können. Dies jagt vielen Menschen Angst ein. Einige Menschen versuchen, irgendwie Kontrolle über den Tod auszuüben, indem sie sich sehr vorsichtig verhalten, um Risiken zu vermeiden oder indem sie sich oft gründlichen Gesundheitschecks unterziehen. Aber Tatsache ist, dass trotzdem jede einzelne Person stirbt.

Schließlich gibt es eine Angst davor, wie es den uns nahe stehenden Personen ergehen wird. Eine weit verbreitete Angst im Zusammenhang mit dem Tod ist die Sorge darum, was mit den Personen geschehen wird, die unserer Obhut anvertraut wurden. Eltern machen sich beispielsweise Sorgen um ein neugeborenes oder älteres Kind. Familienmitglieder, die zu Hause einen Angehörigen pflegen, mögen befürchten, dass kein anderer die vielen Bedürfnisse und Anforderungen ihres Patienten bewältigen kann. Jemand, der in der Blüte seines Lebens steht, mag sich bei dem Gedanken fürchten, aufgrund von Tod einen Ehepartner allein zurücklassen zu müssen.

Eine gesunde Angst vor dem Tod kann uns daran erinnern, unsere Zeit hier auf der Erde bestmöglich zu nutzen und unsere Beziehungen nicht als selbstverständlich anzusehen. Die Angst vor der Realität des Todes kann uns dazu drängen, uns mehr darum zu bemühen, ein bleibendes Erbe zu hinterlassen. George Bernard Shaw fasste es mit diesen Worten gut zusammen: „Ich möchte ganz aufgebraucht sein, wenn ich sterbe. Denn je mehr ich mich abmühe, desto mehr lebe ich."[1] Mit diesen Worten wird deutlich, dass der Tod ein Rätsel ist, mit dem wir uns unbedingt auseinandersetzen sollten, weil wir alle sterben werden.

---

1   George Bernard Shaw, *Man and Superman*, Akt IV (London: Royal Court Theatre, 1905).

DER TOD IST UNVERMEIDBAR

Es ist wichtig, mit deinen Kindern über den Tod zu sprechen. Wenn sie deiner Meinung nach alt genug sind, um mit ihnen über die Sexualität zu reden, sind sie auch alt genug, um mit ihnen über den Tod zu sprechen. Dies ist eine sehr wichtige Aufgabe für dich.

Ich war schon immer sportlich und begeistert von Fitness. Es gab kaum eine Sportart, die ich nicht ausgeübt habe. Ich liebte Wettkämpfe und das Gefühl, das ich durch die sportliche Betätigung selbst erhielt. Was ich nicht wusste, ist, dass das Gehirn Endorphine ausschüttet, während wir Sport treiben. Endorphine sind Chemikalien (Hormone), die der Körper ausschüttet, wenn er Schmerz oder Stress verspürt. Sie werden bei angenehmen Aktivitäten, wie Sport, Essen und sexueller Aktivität ausgeschüttet. Endorphine helfen dabei, Schmerz zu lindern, Stress zu reduzieren und das eigene Wohlbefinden zu verbessern. Sie sind im

Grunde natürliche Schmerzmittel. Sie sind „Wohlfühl"-Chemikalien, weil man sich dadurch besser fühlt und in einen positiven Gemütszustand versetzt wird. Auch heute noch verspüre ich das Bedürfnis Sport zu treiben – nicht so sehr wegen des körperlichen Nutzens, sondern vielmehr wegen des Wohlbefindens, das ich dadurch bekomme.

Meine Frau trieb während ihrer Schulzeit auch viel Sport und wurde später Aerobic- und Personal-Trainerin. Wir haben uns sogar in einem Fitnessstudio in New York kennengelernt. Ich war in einer Phase meines Lebens, in der ich ledig bleiben wollte. Ich hatte gerade erst eine ernste Beziehung beendet, die aus vielen verschiedenen Gründen nicht funktioniert hatte. Deshalb brauchte ich eine Pause. Aber als ich diese atemberaubende Schönheit hinter dem Empfangstresen des Jack LaLanne Fitness Centers sah, bin ich völlig abgehoben.

Nachdem wir geheiratet und eine Familie gegründet hatten, war es selbstverständlich, dass die Fitness auch zum Lebensalltag unserer Kinder gehörte. Ich sorgte dafür, dass meine Söhne Sport trieben und Gewichte hoben. Es gefiel ihnen wirklich und sie gingen regelmäßig ins Fitnessstudio. Sie wurden sich ihrer Kräfte bald bewusst und stemmten schwere Gewichte, um ihre Körper zu trainieren – so sehr, dass bei meinem letzten Wettstreit mit ihnen meine Rotatorenmanschette riss - und das, obwohl ich kein Leichtgewicht bin. Trotz der Tatsache, dass meine Schulter nie mehr dieselbe sein wird, war ich ziemlich stolz auf ihre Leistungen. Gleichzeitig wurde mir bewusst, dass sie wissen mussten, dass ihre Kraft sie eines Tages verlassen würde und ihre Körper im Grab liegen würden. So gefühlsselig und bedrückend sich das auch anhören mag, es ist wichtig, dieses Gespräch zu führen.

Meine Töchter waren auch sehr sportlich. Sie trieben ebenfalls Sport und wurden Leistungssportlerinnen. Ich möchte nicht sexistisch klingen, aber sie wurden sich ihres Aussehens bewusst und fingen deshalb an, Make-up aufzutragen. Sie mussten erfahren, dass dieses Aussehen eines Tages vergehen und ihre Körper in einem Grab liegen würden. Hilf deinen Kindern zu verstehen, dass es wichtig ist, sich um ihren Körper zu kümmern, aber dass es noch wichtiger ist, sich um ihre Seele zu kümmern. Ich höre viele Eltern über ihre Kinder als schlaue Menschen und großartige Sportler reden, aber nur wenige Eltern reden darüber, welchen wunderbaren Charakter ihre Kinder haben oder wie mitfühlend sie sind oder wie ähnlich sie Christus sind. In der Bibel steht: *Denn die leibliche Übung ist wenig nütze; aber die Frömmigkeit ist zu allen Dingen nütze und hat die Verheißung dieses und des zukünftigen Lebens.* (1. Timotheus 4,8)

Meiner Meinung nach sollte jede Person ein Mal im Jahr an einer Beerdigung teilnehmen. Wir gehen alle gerne zu Hochzeiten: die Freude, der Jubel, die Feier – es ist solch ein Vergnügen. Bei Hochzeiten dreht sich alles ums Leben – Tod und Sterben werden nirgendwo erwähnt. Demgegenüber werden wir bei einer Beerdigung daran erinnert, dass das Leben nur ein Dunst ist (Jakobus 4,14) und unser Leben eines Tages vorbei sein wird. Bei einer Beerdigung verpasst dir der Tod eine Ohrfeige; du kannst ihm nicht ausweichen. Wenn ich höre, dass jemand gestorben ist, versuche ich mich daran zu erinnern, dass ich eines Tages diese Person sein werde.

Schon früh im Leben bekam ich einen Geschmack von der Kürze des Lebens. Meine beiden Großväter starben, bevor ich geboren wurde, sodass ich sie nie kennenlernen konnte. Meine beiden Großmütter starben, bevor ich zehn Jahre alt war.

Im Alter von fünfzehn Jahren traf mich der Tod sehr hart, als mein Vater starb. Mein Vater hatte ein sehr schweres Leben. Er verlor seinen Vater, als er noch sehr jung war. Nur wenige Jahre später, als er zehn Jahre alt war, begann die Weltwirtschaftskrise von 1929. Er kam nie in den Genuss einer „normalen Kindheit". Im Alter von einundzwanzig Jahren schloss er sich den Rangers an, um im Zweiten Weltkrieg zu kämpfen. Für seinen Mut wurde ihm der Bronze Star verliehen und er erhielt auch ein Purple Heart. Zudem wurde er als vermisster Soldat gemeldet. Stell dir einmal die posttraumatische Belastungsstörung vor, mit der er nach Hause kam. Damals gab es noch keine Gesprächstherapien. Sie kamen einfach nach Hause und suchten sich Jobs, um über die Runden zu kommen.

Mein Vater arbeitete an der Laderampe und ihm gingen nie die Projekte aus. Seine Arbeit war mühsam und stumpfsinnig. Für ihn ging es darum, sich um seine Familie zu kümmern. Er war ein starker Mann und ich dachte immer, dass mir nichts Schlimmes zustoßen könnte, solange er da war. Mit anderen Worten fühlte ich mich in seiner Nähe vollkommen sicher. Er hatte die Möglichkeit, früh in Rente zu gehen und nutzte diese Chance. Er wollte sich einfach nur noch ein paar Baseball-Spiele ansehen, Jazzmusik hören und die Zeitung von vorne bis hinten durchlesen. Ich erinnere mich an seine Worte, nachdem er in Rente gegangen war: „Greg, ich habe das System ausgetrickst." Dabei ahnte er nicht, dass er wenige Wochen später sterben würde. Ich werde nie den Anblick der zwei seltsamen Männer vergessen, die in unsere kleine Wohnung kamen und meinen Vater in einem langen schwarzen Sack an mir vorbei trugen.

Wie schon gesagt, wusste ich nicht viel über den Tod – außer der Tatsache, dass mein Vater nicht mehr da war und ich ihn nie wieder sehen würde. An diesem Tag wurde mir die Botschaft eingebläut, dass das Leben kurz ist und ich besser in Saus und Braus leben sollte, was ich auch tat. Ich führte ein Leben auf der Überholspur. Ich habe nie an den nächsten Tag gedacht, sodass ich nur für das Heute lebte. Ich machte mir keine Sorgen über den morgigen Tag. Mein Vater sagte oft: „Lebe jeden Tag so, als ob es dein letzter Tag ist, denn eines Tages wird dieser letzte Tag kommen." Ich hatte jedoch immer die Angst vor dem Tod im Hinterkopf. Ich wusste nur, dass man nur ein Leben hat und dieses besser auskosten sollte!

Menschen sterben auf unterschiedliche Weise. Einige sterben im Krieg oder durch Gewalttaten. Andere sterben durch Krankheiten, Herzinfarkte oder Krebs. Wieder andere sterben, weil sie alt sind. Der Zeitpunkt des Todes ist unterschiedlich. Einige Menschen sterben früh im Leben, während andere ein langes Leben führen. Diese Dinge sind wichtig, aber sie sind nicht entscheidend. Ich kam zu dem Verständnis, dass es am wichtigsten ist, darüber nachzudenken, was nach dem Tod mit uns passiert.

Für die meisten Menschen ist der Tod entweder das größte Rätsel oder die größte Leugnung. Entweder vermeiden Menschen dieses Thema völlig oder sie sagen nur: „Keiner weiß es, lebe also einfach dein Leben." Menschen, die nicht an Gott glauben, mögen annehmen, dass dieses Leben unser einziges Leben ist und dass nur dieses Leben zählt. Deshalb sind sie davon überzeugt, dass sie es einfach auskosten sollten. Die meisten von uns verschlafen ein Drittel ihres Lebens und arbeiten ein weiteres Drittel. Das bedeutet, dass zwei Drittel mit Schlafen und Arbeiten verbraucht werden. Es bleibt uns also nur ein Drittel unseres Lebens für uns selbst. Wenn wir dieses Drittel aufschlüsseln, haben wir Verpflichtungen, Krankheiten und Hausarbeiten, die an unserer Zeit nagen. Laut der World Population Review[2] gab es im Jahr 2023 täglich 332.648 Todesfälle auf der Welt. Das sind 13.860 Todesfälle pro Stunde oder 231 pro Minute.

Was aber, wenn dies nicht alles ist? Was wäre, wenn es einen Gott gäbe und was wäre, wenn die Bibel wirklich wahr wäre? Das würde bedeuten, dass es tatsächlich ein Leben nach dem Tod gibt.

---

2   2023 World Population Review, *https://worldpopulationreview.com*.

GIBT ES EIN LEBEN NACH DEM TOD?

Heutzutage planen die Menschen mehr für die Zukunft als je zuvor. Sie planen ihre Renten, private Altersvorsorge, Investitionsprogramme, Sozialversicherungen, Lebensversicherungen und so weiter. Aber wo endet unsere Zukunft? 52 Prozent der Amerikaner glauben an Himmel und Hölle, während nur 37 Prozent der Amerikaner an eine körperliche Auferstehung der Toten glauben. Im Buch Hiob wird eine einfache Frage über das Jenseits gestellt: *Meinst du einer stirbt und kann wieder leben?* (Hiob 14,14) Es ist nicht schwer, diese Frage zu stellen, aber es lässt sich nicht so einfach jemand finden, der diese Frage mit Autorität und Erfahrung beantworten kann.

Jesus ist die einzige Person, die mit echter Autorität und Erfahrung über das Jenseits sprechen kann. Was ihm die Autorität verleiht, über den Himmel zu reden, ist, dass er von dort gekommen ist. Jesus war nicht nur ein menschlicher Lehrer, der von Gott gesandt wurde. Er war der Einzige, der von Ewigkeit an mit Gott gelebt hatte und herunter auf die Welt kam. Kein Mensch hatte solch einen kontinuierlichen Zugang zu der Gegenwart Gottes, wie Jesus ihn hatte. Er konnte in einer einzigartigen Weise zu Gottes Wohnstätte aufsteigen, weil er zuvor aus dem Himmel auf die Erde herabgestiegen war.

Jesus, der eine persönliche Erfahrung mit dem Himmel vorweist, legt uns drei grundlegende Wahrheiten über das Thema des Lebens nach dem Tod dar:

1. Es gibt ein Leben nach dem Tod.

2. Es gibt zwei Zielorte, aus denen jeder von uns einen auswählen muss.

3. Es gibt einen Weg, um sicherzustellen, dass du die richtige Entscheidung triffst.

Im zwölften Kapitel des Markusevangeliums hatte Jesus eine Begegnung mit den Sadduzäern. Er bestätigte, dass es ein Jenseits gibt. Die Sadduzäer waren die Freidenker ihrer Zeit; etwa so wie die Liberalen heutzutage. Sie waren wohlhabend und hatten häufig hohe Ämter inne, wie z. B. das Amt des Hohenpriesters. Durch Toleranz (wo alles möglich ist) und Relativismus (wo die Wahrheit das ist, was du dir als Wahrheit wünschst) hatten sie ein System von Zweifel und Verleugnung entwickelt. Sie kamen mit einer absurden Geschichte zu Jesus und versuchten die ganze Idee der körperlichen Auferstehung ins Lächerliche zu ziehen. Sie erinnerten Jesus daran, dass das Gesetz Gottes eine besondere Vorkehrung für die Witwen in Israel traf. Um die Familie zu erhalten, schrieb das Gesetz vor, dass wenn ein Mann kinderlos starb, sein Bruder die Witwe heiraten soll. *Wenn Brüder beieinanderwohnen und einer stirbt ohne Söhne, so soll die Frau des Verstorbenen nicht die Frau eines Mannes aus einer andern Sippe werden, sondern ihr Schwager soll zu ihr gehen und sie zur Frau nehmen und mit ihr die Schwagerehe schließen.* (5. Mose 25,5)

Sie sagten zu Jesus: „Nun waren sieben Brüder. Der erste nahm eine Frau; der starb und hinterließ keine Kinder. Und der zweite nahm sie und starb und hinterließ auch keine Kinder. Und ebenso der dritte. Und alle sieben hinterließen keine Kinder. Zuletzt, nach allen, starb die Frau auch." Dann kam die gerissene Frage. Sie fragten: „Nun in der Auferstehung, wenn sie auferstehen: Wessen Frau wird sie sein?" Sie dachten, dass sie sehr clever waren, aber der Erlöser sagte zu ihnen, dass sie weder die Schrift, welche über die Auferstehung lehrt, noch die Kraft Gottes, welche die Toten auferweckt, kannten.

Stell dir diese Szene vor. Hier war die gesellschaftliche Elite, die Intellektuellen, die Machtmenschen. Sie waren die Aristokraten, politisch mit Rom verbunden und gleichzeitig mit dem Tempel in Jerusalem. Sie konnten sich nicht mit den einfachen Bürgern identifizieren und auch die einfachen Bürger fühlten sich von ihnen entfremdet. Und Jesus, ein einfacher Bürger aus der gering geschätzten armen Stadt Nazareth, kommt daher und untersteht sich, ihnen zu sagen, dass sie sich irren.

Erstens hätten sie wissen müssen, dass die Ehe nicht im Himmel fortgeführt wird (Matthäus 22,30). Dann führte Jesus die Sadduzäer, die dem Gesetz von Mose eine höhere Bedeutung gaben als dem Rest des Alten Testaments, zum Bericht von Mose beim brennenden Busch (2. Mose 3,6), wo Gott von sich selbst als dem Gott Abrahams, Isaaks und Jakobs sprach. Jesus zeigte hierdurch, dass Gott der Gott der Lebendigen ist und nicht der Gott der Toten. Aber was bedeutet das? Waren Abraham, Isaak und Jakob nicht schon lange tot, als Gott Mose erschien?

Ja, ihre Leiber waren in der Höhle von Machpela in Hebron begraben worden. Warum ist Gott dann der Gott der Lebendigen? Dies scheint der Fall zu sein, weil Gott den Patriarchen (Abraham, Isaak und Jakob) Verheißungen über den Messias gegeben hatte. Diese Verheißungen wurden nicht in ihrer Lebenszeit erfüllt. Als Gott beim brennenden Busch mit Mose sprach, waren die Leiber der Patriarchen im Grab, aber Gott sprach von sich selbst als der Gott der Lebendigen. Weil Gott nicht lügen kann, muss er seine Verheißungen gegenüber Abraham, Isaak und Jakob erfüllen. Darum ist die Auferstehung eine absolute Notwendigkeit in Bezug auf das, was wir über den Charakter Gottes wissen.

Im vierzehnten Kapitel des Johannesevangeliums tröstete Jesus seine Jünger, indem er ihnen, und uns, etwas über das Jenseits berichtete: *Euer Herz erschrecke nicht! Glaubt an Gott und glaubt an mich! In meines Vaters Hause sind viele Wohnungen. Wenn's nicht so wäre, hätte ich dann zu euch gesagt: Ich gehe hin, euch die Stätte zu bereiten? Und wenn ich hingehe, euch die Stätte zu bereiten, will ich wiederkommen und euch zu mir nehmen, auf dass auch ihr seid, wo ich bin.*(Johannes 14,1-3) Jesus sagte zu ihnen, dass er weggehen würde und sie ihn nicht mehr sehen würden. Er sagte: „Ihr glaubt an Gott, obwohl ihr ihn nicht seht. Glaubt also genauso an mich." Das Haus des Vaters bezieht sich auf den Himmel, wo es viele Wohnungen gibt. Es gibt genug Platz für alle Erlösten. Wenn es nicht so wäre, hätte der Herr es ihnen gesagt. Er hätte nicht zugelassen, dass sie sich falsche Hoffnungen machen.

Jesus sagte: *Ich gehe hin, euch die Stätte zu bereiten.* Der Herr ging in den Himmel zurück, um eine Stätte zu bereiten. Wir wissen nicht sehr viel über diese Stätte, aber wir wissen, dass sie für jedes Kind Gottes bereitet wird. Im Fazit wird sie als eine wunderbare Stätte beschrieben, wo es keinen Schmerz, kein Leid, kein Geschrei und keinen Tod gibt (Offenbarung 21,4). Über diese Stätte werden wir letztendlich sagen können: „Alles ist gut", und das auch wirklich so meinen. *Und wenn ich hingehe, euch die Stätte zu bereiten, will ich wiederkommen und euch zu mir nehmen, auf dass auch ihr seid, wo ich bin.* Dies bezieht sich auf die Zeit, wenn der Herr zurückkommen wird. Diejenigen, die im Glauben gestorben sind, werden auferweckt werden, wenn die Lebendigen verwandelt werden und wenn alle, die an Jesus glauben, in den Himmel aufgenommen werden. Es handelt sich hier um ein persönliches, tatsächliches Kommen des Messias. So sicher, wie er wegging, wird er auch wiederkommen.

Man kann nicht über Leben, Tod und das Jenseits reden, ohne das Gleichnis vom reichen Mann und Lazarus (Lukas 16,19-31) zu erwähnen. Dies ist die wichtigste Geschichte bei Gesprächen über das Jenseits. In dieser Geschichte begegnen wir sehr großen Kontrasten, vielleicht sogar *dem* größten Kontrast in der ganzen Bibel. Es geht um zwei Leben, zwei Tode und zwei Jenseits. Lasst es uns ansehen:

Jesus sagte: „Es war aber ein reicher Mann, der kleidete sich in Purpur und kostbares Leinen und lebte alle Tage herrlich und in Freuden. Ein Armer aber mit Namen Lazarus lag vor seiner Tür, der war voll von Geschwüren und begehrte sich zu sättigen von dem, was von des Reichen Tisch fiel, doch kamen die Hunde und leckten an seinen Geschwüren.

Es begab sich aber, dass der Arme starb, und er wurde von den Engeln getragen in Abrahams Schoß. Der Reiche aber starb auch und wurde begraben. Als er nun in der Hölle [Hades] war, hob er seine Augen auf in seiner Qual und sah Abraham von ferne und Lazarus in seinem Schoß.

Und er rief und sprach: Vater Abraham, erbarme dich meiner und sende Lazarus, damit er die Spitze seines Fingers ins Wasser tauche und kühle meine Zunge; denn ich leide Pein in dieser Flamme.

Abraham aber sprach: Gedenke, Kind, dass du dein Gutes empfangen hast in deinem Leben, Lazarus dagegen hat Böses empfangen; nun wird er hier getröstet, du aber leidest Pein. Und in all dem besteht zwischen uns und euch eine große Kluft, dass niemand, der von hier zu euch hinüberwill, dorthin kommen kann und auch niemand von dort zu uns herüber.

Da sprach er: So bitte ich dich, Vater, dass du ihn sendest in meines Vaters Haus; denn ich habe noch fünf Brüder, die soll er warnen, damit sie nicht auch kommen an diesen Ort der Qual.

Abraham aber sprach: Sie haben Mose und die Propheten; die sollen sie hören.

Er aber sprach: Nein, Vater Abraham, sondern wenn einer von den Toten zu ihnen ginge, so würden sie Buße tun.

Er sprach zu ihm: Hören sie Mose und die Propheten nicht, so werden sie sich auch nicht überzeugen lassen, wenn jemand von den Toten auferstünde." (Lukas 16,19-31 LUT)

Wir haben zunächst den reichen Mann. Er trägt feinste Kleidung – Gewänder aus Purpur, hergestellt aus tyrischem Farbstoff und teure Leinenhemden aus ägyptischer Baumwolle. Sein Zuhause ist ein Anwesen mit üppigen, gepflegten Gärten. In seinem prunkvollen Anwesen gibt es die besten Möbel sowie unbezahlbare Kunstwerke. Die italienischen Marmorböden sind prachtvoll und spiegeln das eigene Abbild mit Hochglanz wider, was seine Gäste bestimmt liebten. Auf seinem Tisch steht eine bunte Mischung aus Delikatessen – die besten Fleischsorten, Geflügel und Meeresfrüchte, die man für Geld kaufen kann, die erlesensten Obst- und Gemüsesorten und die feinsten Weine aus den besten Weingärten der Welt. So lebt der reiche Mann jeden Tag.

Dann ist da Lazarus, der Bettler. Man hatte ihn wie einen Sack voll Müll vor die Tür des reichen Mannes hingeworfen - wahrscheinlich von Leuten, die ihn nicht in ihrem Viertel haben wollten. Er ist mitleiderregend, wie ein Sack Knochen, abgemagert und hungrig. Sein Körper ist voller nässender Geschwüre und er wird durch unreine Hunde belästigt, die kamen, um seine Wunden zu lecken.

Wer wird anhalten und bei solch einem Elend helfen? Wer wird ihn speisen, baden und kleiden? Wer wird ihn hereinbitten und ihm eine Unterkunft für die Nacht geben? Wer wird seine Geschwüre reinigen? Wer wird seine Hand halten und sich die Geschichte seines Lebens anhören? Wer?

Der reiche Mann lebt für sich selbst, sorgt für seine körperlichen Vergnügen und seinen Appetit. Er hat keine echte Liebe für Gott und kümmert sich nicht um seinen Mitmenschen. Lazarus hofft, dass vielleicht einer der Gäste bei den vielen Partys, die der reiche Mann veranstaltete, ihm ein paar Tischabfälle beim Verlassen der Party bringen würde. Aber leider mangelt es im Anwesen des reichen Mannes an Mitleid. Keiner der Gäste wollte ihn ansehen, in seine Nähe kommen oder ihn gar berühren. Lazarus sieht sie herein- und hinausgehen und sie ignorieren ihn.

Plötzlich verwandelt sich das, was er für Hundezungen hält, die an seinen Geschwüren lecken, in Hände von Engeln. Der Bettler starb und wurde von den Engeln in Abrahams Schoß getragen. Viele Menschen bezweifeln, ob Engel sich tatsächlich daran beteiligen, die Seelen von Gläubigen in den Himmel zu tragen. Aber es gibt keinen Grund, die schlichte Macht der Worte in Frage zu stellen. Die Engel dienen den Gläubigen in diesem Leben und es gibt keinen Grund dafür, warum sie dies nicht auch zum Zeitpunkt des Todes tun sollten. „Abrahams Schoß" ist ein symbolischer Ausdruck, um den Ort der Glückseligkeit zu bezeichnen. Für jeden Juden würde der Gedanke, Gemeinschaft mit Abraham zu haben, unaussprechliche Freude hervorrufen. „Abrahams Schoß" ist schlichtweg ein anderer Name für den Himmel.

Der Körper des reichen Mannes wurde nach seinem Tod nicht nur begraben, sondern seine Seele oder sein bewusstes Selbst fuhr zum Hades, einem Aufenthaltsort für die Nicht-Erlösten. Weil der reiche Mann unter Qualen litt, müssen wir einige Punkte klarstellen:

1. Es sollte deutlich erwähnt werden, dass der nicht namentlich genannte reiche Mann nicht unbedingt aufgrund seines Reichtums in den Hades verbannt wurde. Durch seine achtlose Gleichgültigkeit gegenüber dem Bettler, der vor seiner Tür lag, zeigte dieser bestimmte reiche Mann, dass er keinen echten rettenden Glauben hatte. Wenn die Liebe Gottes ihn bestimmt hätte, hätte er nicht in Luxus, Komfort und Behaglichkeit gelebt, während sich ein anderer Mann draußen vor seiner Haustür befand und um ein paar Brotkrumen bettelte. Es muss ein Schock für die Jünger gewesen sein, dass der reiche Mann in den Hades kam, weil sie gelehrt worden waren, dass Reichtümer ein Zeichen von Gottes Segen und Wohlgefallen waren.

2. Es stimmt auch, dass es nicht Lazarus Armut war, die zu seiner Rettung führte. Lazarus wurde gerettet, weil er für die Rettung seiner Seele auf den Herrn vertraut hatte. Armut ist nicht unbedingt eine Tugend. Diese Geschichte belegt, dass es eine bewusste Existenz gibt, die über das Grab hinaus reicht. Es ist erstaunlich, wie viel Wissen der reiche Mann hatte. Er sah Abraham in der Ferne und Lazarus in seinem Schoß. Er konnte

sogar mit Abraham kommunizieren. Er nannte ihn *Vater Abraham*, als er um Gnade bettelte und bat, dass Lazarus ihm einen Tropfen Wasser zur Kühlung seiner Zunge bringen sollte.

Der Patriarch erinnerte den reichen Mann an sein Leben, geprägt von Luxus, Behaglichkeit und Genuss. Er schilderte auch die Armut und das Leid von Lazarus. Über das Grab hinaus hatte sich das Blatt gewendet. Die Ungleichheiten der Erde wurden umgekehrt. Lazarus, der einst in Qualen draußen vor die Tür des Anwesens des reichen Mannes geworfen worden war, sah jetzt den reichen Mann, der draußen vor die Tore des Himmels geworfen worden war und selbst in Qualen lag. Wir erfahren hier, dass die Entscheidungen dieses Lebens unseren ewigen Aufenthaltsort bestimmen. Sobald wir gestorben sind, ist unser Schicksal besiegelt. Es gibt keinen Übergang vom Aufenthaltsort für die Erlösten zum Ort für die Verdammten oder umgekehrt. Inmitten all dieser Details sollten wir nicht die Botschaft dieser Geschichte vergessen: Es ist besser, auf der Erde um Brot zu betteln als im Hades um Wasser zu bitten.

DER TOD

Der Tod ist der am häufigsten missverstandene Teil des Lebens. Er ist kein großer Schlaf, sondern eine große Erweckung. Es ist der Moment, indem wir aufwachen, uns die Augen reiben und die Dinge so sehen, wie Gott sie die ganze Zeit gesehen hat.

Der Tod kann als Trennung verstanden werden. Der körperliche Tod ist die Trennung des Körpers von der Seele, während der geistliche Tod die Trennung der Seele von Gott ist. Jesus lehrte, dass wir keine Angst vor dem körperlichen Tod haben, sondern uns stattdessen mehr Sorgen um unseren geistlichen Tod machen sollten (Matthäus 10,28). Für Nichtgläubige, die sterben, ist der Hades ein körperloser Zustand der bewussten Bestrafung, ein Zustand des Leidens. Es ist eine Art Zwischenstation, ein zwischenzeitlicher Zustand, in dem sie auf das endgültige Urteil Gottes warten. Die Hölle ist das endgültige Gefängnis der gottlosen Toten. Der entscheidende Faktor bei diesem Gericht ist, ob jemand in seinen oder ihren Sünden gestorben oder ob jemand im Herrn gestorben ist.

G. B. Hardy, ein weltberühmter Mathematiker und hervorragender Wissenschaftler, der sich auf Bevölkerungsgenetik spezialisiert hat, sagte einmal: „Ich möchte nur zwei Fragen stellen. Die erste Frage: Hat jemand jemals den Tod besiegt? Die zweite Frage: Hat diese Person einen Weg für mich bereitet, sodass ich dies auch tun kann?"[3] Beide Fragen von Hardy können klar bejaht werden. Eine Person hat den Tod besiegt und bereitete einen Weg für jeden, der sein Vertrauen auf ihn setzt, um ebenfalls den Tod zu überwinden. Keiner, der auf Jesus Christus vertraut, muss sich vor dem Tod fürchten. Das Wort Gottes informiert uns darüber, dass wir durch den Glauben an Jesus den Sieg über den Tod und das Grab haben. Mit anderen Worten: Eine Person, die an Jesus Christus glaubt, kann mit demütiger Zuversicht sagen: „Hey Tod, wer hat noch Angst vor dir?" Aber können wir uns wirklich auf Gottes Wort verlassen?

---

3   G. B. Hardi, *Countdown: Die Zeit läuft ab* (Frutigen: Trachsel Verlag, 1972).

KANN ICH MICH AUF DIE
BIBEL VERLASSEN?

„Viele Menschen weigern sich zu glauben, wenn keine Beweise vorliegen, und so sollte es auch sein. Da Gott uns als vernunftbegabte Wesen geschaffen hat, erwartet er nicht, dass wir irrational leben. Er möchte, dass wir hinschauen, bevor wir springen", sagte Norman Leo Geisler, ein christlicher systematischer Theologe und christlicher Apologet. „Dies bedeutet nicht, dass es keinen Raum für den Glauben gibt. Aber Gott möchte, dass wir angesichts der Beweise einen Schritt des Glaubens wagen, anstatt ins Dunkel zu springen."[4]

Woher wissen wir, wenn wir ein Buch, einen Zeitschriftenartikel oder ein Forschungspapier lesen, dass die von uns gelesenen Texte zuverlässig und wahr sind? Chauncey Sanders, ein Militärexperte und

---

4   Norman Geisler, *Christian Apologetics* (Ada, Michigan: Baker Academic Publishing, 2013).

Historiker, schrieb in seinem Buch *Introduction to Research in English Literary History*, dass es drei Tests für die Zuverlässigkeit eines literarischen Dokuments gibt: (1) interne Beweise – was das Dokument über sich selbst behauptet; (2) externe Beweise – wie das Dokument zu Fakten, Daten und Personen passt und (3) bibliografische Beweise – die Textüberlieferung vom Originaldokument zu den Kopien und Manuskripten, die wir heute besitzen.[5]

Intern gilt, dass die Bibel in einem Zeitraum von 1.600 Jahren oder 40 Generationen geschrieben wurde. Sie wurde von über 40 Männern aus verschiedenen Gesellschaftsschichten geschrieben. Mose wurde beispielsweise in Ägypten ausgebildet und wurde ein Prophet für die Israeliten. Josua war ein militärischer General, Daniel war ein Premierminister, Petrus war ein einfacher Fischer, Salomo war ein König, Lukas war Arzt, Amos war Schafhirte, Matthäus war Steuereinnehmer und Paulus war Rabbi und gleichzeitig Zeltmacher. Alle Autoren hatten sehr unterschiedliche Berufe und Hintergründe.

Die Bibel wurde an vielen verschiedenen Orten verfasst. Tatsächlich wurde sie auf drei verschiedenen Kontinenten geschrieben: Asien, Afrika und Europa. Mose schrieb in der Wüste Sinai, Paulus schrieb im Gefängnis in Rom, Daniel schrieb im Exil in Babylon

---

5   Chauncey Sanders, *Introduction to Research in English Literary History* (New York: The Macmillan Company, 1952).

und Esra schrieb in der Ruinenstadt Jerusalem. Sie wurde unter vielen verschiedenen Umständen verfasst. David schrieb in Kriegszeiten, Jeremia schrieb in einer traurigen Zeit von Israels Untergang, Petrus schrieb, während Israel unter römischer Herrschaft stand, und Josua schrieb, während der Eroberung des Landes Kanaan.

Die Schreiber verfolgten verschiedene Ziele beim Schreiben. Jesaja schrieb, um Israel vor Gottes kommendem Urteil über ihre Sünden zu warnen. Matthäus schrieb, um dem jüdischen Volk zu beweisen, dass Jesus der Messias war. Sacharja schrieb, um ein niedergeschlagenes Israel zu ermutigen, das aus der babylonischen Gefangenschaft zurückgekehrt war, und Paulus schrieb, um die Probleme anzusprechen, die in den verschiedenen asiatischen und europäischen Gemeinden auftraten. Außerdem wurde die Bibel in drei verschiedenen Sprachen geschrieben: Hebräisch, Aramäisch und Griechisch.

Wenn wir alle diese Faktoren zusammenfassen, sehen wir, dass die Bibel in über 1.600 Jahren von 40 verschiedenen Autoren an verschiedenen Orten und in verschiedenen Sprachen, unter unterschiedlichen Umständen geschrieben wurde und eine Menge von Themen behandelt. Es ist erstaunlich, dass bei so vielen Unterschieden eine solche Einheit in der Bibel herrscht. Diese Einheit basiert auf einem zentralen Thema: Gottes Erlösung des Menschen und der ganzen Schöpfung. Es werden hunderte von umstrittenen Themen behandelt und trotzdem widersprechen die Schreiber sich nicht gegenseitig. Die Bibel ist ein unvorstellbares Dokument. Ich kann mir nur ausmalen, was dabei herauskommen würde, wenn man zehn Autoren aus einer Gesellschaftsschicht, einer Generation, an einem Ort, zu einem Zeitpunkt, in einer Stimmungslage, auf einem Kontinent und mit einer Sprache nehmen würde, die alle über ein umstrittenes Thema schreiben würden. Das Ergebnis wäre sicherlich eine Ansammlung von Ideen – alles andere als übereinstimmend. Intern gibt es in der Bibel keine Unstimmigkeiten und sie ist vollkommen übereinstimmend.

Weiter zu den externen Beweisen der Bibel – oder wie sich die Bibel in Bezug auf die Fakten, Daten und Menschen verhält. Im Jahr 1964 begann die italienische archäologische Mission unter der Leitung von Paolo Mathiae eine archäologische Ausgrabung bei Tell Mardikh in Nordsyrien. Im Jahr 1968 wurde eine Statue von Ibbit-Lim, König von Ebla, entdeckt. Von 1974 bis 1976 wurden 2.000 komplette Tafeln, die von wenigen Zentimetern bis zu über 30 Zentimetern groß sind, sowie 4.000 Fragmente und über 10.000 Splitter entdeckt, die auf ca. 2.300 v. Chr. datiert wurden. In Ebla wurde der Name „Kanaan" benutzt, ein Name, von dem Kritiker einst sagten, dass er zu jener Zeit nicht genutzt und in den ersten Kapiteln der Bibel falsch verwendet wurde. Aber nicht nur das, sondern

Namen wie Adam, Eber und Jethro wurden gefunden, sowie die Namen der Götter von Ebla, einschließlich Dagon, Baal und Aschtar.

Im Jahr 1896 machte der britische Archäologe Flinders Petrie in Theben in Ägypten eine wichtige Entdeckung, die die früheren Skeptiker völlig irritierte, aber die Bibel bestätigte. Es wurde eine Tafel, bekannt als Merenptah-Stele, eine aufrecht stehende Steinplatte mit einer Inschrift, die als Denkmal dient, gefunden, auf der Israel erwähnt wird. Übrigens war Merenptah ein Pharao, der von 1212-1202 v. Chr. über Ägypten herrschte. Der Kontext der Stele weist darauf hin, dass Israel im späten 13. Jahrhundert v. Chr. eine bedeutende Einheit war. Dies ist sehr bedeutungsvoll, da es der früheste außerbiblische Hinweis auf die Nation Israel ist, der je entdeckt wurde.

Die Hethiter wurden einst als biblische Legende angesehen, obwohl sie im Alten Testament über fünfzig Mal erwähnt werden. Dies war der Fall, bis ihre Hauptstadt und Aufzeichnungen in der Nordtürkei entdeckt wurden. Bei der ersten Entdeckung durch den französischen Gelehrten Charles Texier wurden die ersten hethitischen Ruinen im Jahr 1834 gefunden. Dann folgten Archäologen wie Hugo Winckler mit einer Entdeckung nach der anderen. Im Jahr 1906 fand Winckler ein königliches Archiv mit 10.000 Tafeln mit Inschriften in akkadischer Keilschrift.

Die Mauern von Jericho wurden in den 1930er Jahren vom britischen Archäologen John Garstang entdeckt. Die Geschichte, wie die Mauern von Jericho fallen, steht in Josua 6,1-27. Das Volk Israel hatte soeben den Fluss Jordan überquert, um ins Land Kanaan zu kommen (Josua 3,14-17). Dies war das Land, wo Milch und Honig fließen, das Gott Abraham über 500 Jahre zuvor verheißen hatte (5. Mose 6,3; 32,49). Nachdem das Volk Israel 40 schwierige Jahre lang in der Wüste Sinai umher gewandert war, befand es sich jetzt am Ostufer des Jordans. Es stand vor der Herausforderung, das Land Kanaan, das verheißene Land, einzunehmen. Ihr erstes Hindernis war jedoch die Stadt Jericho (Josua 6,1), eine uneinnehmbare, von Mauern umgebene Stadt. Ausgrabungen dort zeigen, dass ihre Festungsanlagen aus einer ca. 3,35 Meter hohen und ca. 4,25 Meter breiten Steinmauer bestanden. Oben befand sich ein glatter Steinhang, der sich in einem Winkel von 35 Grad über 10,5 Meter nach oben neigte, wo er mit massiven Steinmauern verbunden war, die noch höher emporragten. Sie waren praktisch unüberwindbar – aber die Mauern fielen, als Josua und seine Armee sieben Tage lang um die Mauern marschierten. Am siebten Tag umrundeten sie die Mauer, bliesen in ihre Hörner und riefen mit lauten Stimmen. Die archäologische Ausgrabung entspricht der Beschreibung der Mauern in Josua 6.

Im Jahr 1990 gruben Forscher von Harvard eine versilberte Kalbsfigur aus Bronze aus, die an das riesige goldene Kalb erinnert, das in 2. Mose erwähnt wird.

Im Jahr 1993 legten Archäologen in Tel Dan eine Inschrift aus dem 9. Jahrhundert v. Chr. frei. Die in einen Basaltblock eingravierten Worte beziehen sich auf das Haus Davids und den König von Israel. Es wurde einst behauptet, dass es keinen assyrischen König namens Sargon gab, wie in Jesaja 20,1 aufgezeichnet, weil dieser Name in keiner anderen Aufzeichnung auftauchte. Dann wurde Sargons Palast im Irak entdeckt und seine Einnahme von Aschdod. Genau das in Jesaja Kapitel 20 erwähnte Ereignis war auf den Palastmauern aufgezeichnet. Es wurden sogar noch mehr Fragmente der Stele des Denkmals für den Sieg in Aschdod gefunden.

Die Ruinen von Sodom und Gomorra wurden südöstlich des Toten Meers entdeckt. Die Beweise an der Stätte scheinen dem biblischen Bericht zu entsprechen: *Da ließ der HERR Schwefel und Feuer regnen vom Himmel herab auf Sodom und Gomorra.* (1. Mose 19,24 LUT). Die Trümmer von der Zerstörung waren ca. 1 Meter dick und die Gebäude waren aufgrund von Feuer verbrannt, das auf den Dächern ausgebrochen war. Frederick Clapp, ein amerikanischer Geologe, stellt die Theorie auf, dass der Druck vom Erdbeben mit Schwefel belastetes Bitumen ausgespien haben könnte, was so ähnlich wie Asphalt ist, der sich bekanntermaßen durch die Bruchlinie in dem Gebiet befindet, auf welcher die Stadt steht.[6]

Nelson Glueck, ein renommierter amerikanischer Rabbi, Archäologe und Präsident vom Hebrew Union College, entdeckte 1.500 antike Stätten. Folgende Worte werden von ihm zitiert: „Keine archäologische Entdeckung stand je im Widerspruch zu einer Bibelstelle." [7] Dr. William Albright, ein Archäologe, Bibelgelehrter und Sprachwissenschaftler, sagte: „Es kann keinen Zweifel darüber geben, dass die Archäologie die wesentliche Historizität des Alten Testaments bestätigt."[8]

Zu guter Letzt gibt es noch die bibliografischen Beweise. Ein Codex ist ein Set von Manuskriptseiten, die zusammengenäht sind. Es ist die älteste Form eines Buches und ersetzt die Schriftrollen und Wachstafeln aus früheren Zeiten. Der masoretische Text ist kein besonderer Codex, sondern vielmehr ein Überbegriff für das, was wir als maßgeblichen jüdischen/rabbinischen Text für das Alte Testament betrachten. Im 6. Jahrhundert begann eine Gruppe von Gelehrten namens Masoreten, akribisch zu dokumentieren, was der richtige Text der Bibel war. Sie machten gründliche Notizen an den Rändern und verglichen alle bestehenden Manuskripte. Aufgrund ihrer hervorragenden Forschung wurde dieser

---

6   Frederick G. Clapp, *American Journal of Archaeology* (Chicago: University of Chicago Press, 1936), 323-344.

7   Nelson Glueck, *Rivers in the Desert* (New York: Farrar, Straus, and Cudahy, 1959), 136.

8   William F. Albright, *Archaeology and the Religion of Israel* (Baltimore: John Hopkins University Press, 1956), 176.

Text schnell zum maßgeblichen Text der Bibel. Die Masoreten berücksichtigten alles: vom Text an sich hin zur richtigen Vokalisierung, Akzenten und kompletten Versen mit fehlerhafter Rechtschreibung. Die Masoreten arbeiteten sehr sorgfältig und waren professionell geschult für das Abschreiben von Dokumenten. Sie betrachteten die Worte Gottes mit höchster Ehrfurcht. Wenn sie beispielsweise das Buch Jesaja abschrieben, wäre der ganze Text in Großbuchstaben geschrieben, ohne Zeichensetzung oder Absätze. Nach der Fertigstellung der Abschrift würden sie die Buchstaben zählen und den mittleren Buchstaben des Buches finden. Wenn dieser nicht genau übereinstimmte, würden sie diese Abschrift verwerfen und von vorne beginnen. Alle vorhandenen Abschriften des hebräischen Textes stimmen in erstaunlicher Weise überein.

Im 10. Jahrhundert, als sich die Ära der Masoreten dem Ende zuneigte, stellten sie alle ihre in den Jahrhunderten durchgeführten Forschungen in einem einzigen Manuskript der Bibel zusammen. Im Jahr 920 n. Chr. schrieb ein Schriftgelehrter namens Shlomo Ben Buya in der Stadt Tiberius in Israel ein Manuskript in der masoretischen Tradition. Dieses Manuskript ist als der Codex von Aleppo bekannt.

Im Jahr 1947 wurden die Schriftrollen vom Toten Meer im Gebiet von Qumran in Israel entdeckt. Verschiedene Rollen stammen aus dem 5. Jahrhundert v. Chr. bis zum 1. Jahrhundert n. Chr. Historiker glauben, dass jüdische Schriftgelehrte die Stätte erhalten haben, um Gottes Wort aufzubewahren und die Schriften während der Zerstörung von Jerusalem im Jahr 70 n. Chr. zu schützen. Zu den Schriftrollen vom Toten Meer gehören fast alle Bücher des Alten Testaments und Vergleiche mit neueren Manuskripten zeigen, dass sie nahezu identisch sind. Die größten Abweichungen sind die Rechtschreibung der Namen einzelner Personen und andere bedeutungslose Unterschiede. Zu den Schriftrollen vom Toten Meer gehört beispielsweise ein komplettes Buch von Jesaja. Als rabbinische Gelehrte Jesaja 53 der Schriftrollen vom Toten Meer mit Jesaja 53 vom masoretischen Text verglichen, fanden sie nur 17 Buchstaben, die sich in den 166 Wörtern in diesem Kapitel voneinander unterschieden. Zehn dieser Buchstaben sind geringfügige Rechtschreibfehler (z. B. „Ehre" und „Ere"), vier sind stilistische Unterschiede (wie das Vorhandensein einer Konjunktion) und die anderen drei Buchstaben stellen eine unterschiedliche Schreibweise des Wortes „Licht" dar. Mit anderen Worten sind die Unterschiede vollkommen unbedeutend. Daraus schließen wir, dass es keine legitimen Unstimmigkeiten in dem Text gibt, den wir heutzutage lesen, und das ist beeindruckend!

R. Laird Harris, ein Gemeindeleiter, Forscher des Alten Testaments und Gründer des Covenant Theological Seminary, schrieb ein Buch mit dem Titel *Can I Trust My Bible?* Er schrieb: „Wir können sicher sein, dass die Abschreiber mit großer Sorgfalt und Genauigkeit am Alten Testament gearbeitet haben, sogar zurück bis ins Jahr 225 v. Chr. … Es wäre in der Tat eine überstürzte Skepsis, jetzt abzustreiten, dass wir unser Altes Testament in einer Form haben, die der Form sehr ähnlich ist, die Esra verwendete, als er den aus der babylonischen Gefangenschaft zurückgekehrten Menschen das Wort des Herrn lehrte."[9]

Die Zusammenstellung des Neuen Testaments wurde offiziell beim Konzil von Karthago im Jahr 397 n. Chr. festgelegt. Jedoch wurde der Großteil des Neuen Testaments schon viel früher als Bücher mit Autorität anerkannt. Die erste Sammlung des Neuen Testaments wurde im Jahr 140 n. Chr. von einem Mann namens Marcion vorgeschlagen. Marcion war ein Doket. Der Doketismus ist ein Glaubenssystem, das besagt, dass alle geistlichen Dinge gut und alle materiellen Dinge schlecht sind. Darum schloss Marcion jedes Buch aus, in dem steht, dass Jesus gleichzeitig Gott und Mensch ist. Er änderte auch die Briefe des Paulus ab, damit sie seiner eigenen Philosophie entsprachen.

Die nächste vorgeschlagene Sammlung der Bücher des Neuen Testaments war der Muratorische Kanon im Jahr 170 n. Chr. Er enthielt alle vier Evangelien, 13 von Paulus Briefen, die Bücher 1., 2. und 3. Johannes, Judas und Offenbarung. Er wurde im Konzil von Karthago im Jahr

---

9   R. Laird Harris, *Can I Trust My Bible?* (Chicago: Moody Press, 1963), 67-89.

397 n. Chr. bestätigt. In der Ambrosianischen Bibliothek in Mailand, Italien wurde das tatsächliche Manuskript vom italienischen Historiker Antonio Ludovico Muratori entdeckt und im Jahr 1740 veröffentlicht.

Die Geschichte zeigt jedoch, dass das eigentliche Neue Testament, das wir in modernen Bibeln haben, viel früher anerkannt wurde und es genau das wiedergibt, was die Manuskripte enthielten. Beispielsweise zitierte Clemens von Rom um ca. 95 n. Chr. aus elf Büchern des Neuen Testaments. Um ca. 107 n. Chr. zitierte Ignatius aus fast jedem Buch des Neuen Testaments. Um ca. 110 n. Chr. zitierte Polycarp, ein Jünger von Johannes, aus 17 Büchern des Neuen Testaments. Durch die Zitate von diesen Männern kann das gesamte Neue Testament zusammengestellt werden, mit der Ausnahme von ca. 25 Versen, von denen die meisten in Johannes 3 stehen. Diese Beweise bezeugen die Tatsache, dass das Neue Testament bereits viel früher als beim Konzil von Karthago anerkannt wurde und dass das Neue Testament, das wir heute haben, der gleiche Text ist, der vor 2.000 Jahren geschrieben wurde. In der Antike gibt es keinen literarischen Rivalen bezüglich der Anzahl der Manuskript-Abschriften und der frühen Datierung des Neuen Testaments. Wir haben 5.300 griechische Manuskripte des Neuen Testaments und 10.000 lateinische Manuskripte. Zusätzlich dazu existieren heutzutage 9.000 unterschiedliche Abschriften des Neuen Testaments, die in Syrisch, Koptisch, Armenisch,

Gotisch und Äthiopisch geschrieben wurden – von denen einige fast auf Jeromes Originalübersetzung aus dem Jahr 384 n. Chr. zurückdatiert werden können. Wir haben außerdem über 13.000 Abschriften von Teilen des Neuen Testaments, die bis in unsere Zeit erhalten blieben und von denen immer mehr ausgegraben werden.

Der Codex Vaticanus ist das älteste noch vorhandene Manuskript der griechischen Bibel. Der Codex wurde nach seinem Ort der Aufbewahrung, der Vatikanischen Bibliothek, benannt, wo er mindestens seit dem 15. Jahrhundert gelagert wurde. Er wurde auf 759 Blatt Velin (vorbereitete Tierhaut, normalerweise Kalbsleder) in Unzialbuchstaben (eine Art der Kalligraphie namens Scriptio Continua – ohne die normalen Lücken zwischen den Wörtern) geschrieben und wurde paläographisch (Paläographie ist die Wissenschaft über alte Schreibformen für Datierungszwecke) auf das 4. Jahrhundert, von 300-325 n. Chr. datiert.

Wir haben auch den Codex Sinaiticus, ein Manuskript mit alexandrianischem Texttyp, das in Unzialbuchstaben auf Pergament geschrieben wurde und auf das 4. Jahrhundert, von 330-360 n. Chr., datiert wurde. Es befindet sich in der britischen Staatsbibliothek in London. Diese zwei Kodizes, Vaticanus und Sinaiticus, sind zwei außergewöhnliche Pergamentabschriften des gesamten Neuen Testaments aus dem 4. Jahrhundert.

Noch älter sind Fragmente und Papyrusabschriften von Teilen des Neuen Testaments, die aus der Zeit

180-225 n. Chr. stammen. Die herausragenden Beispiele sind das Chester Beatty Papyrus und das Bodmer Papyrus II, XIV, XV. Allein aus diesen Manuskripten können wir die Bücher Lukas, Johannes, Römer, 1. und 2. Korinther, Galater, Epheser, Philipper, Kolosser, 1. und 2. Thessalonicher, Hebräer und Teile aus Matthäus, Markus, der Apostelgeschichte und dem Buch der Offenbarung zusammenstellen.

Das Rylands Papyrus, als Rylands Papyrus P52 bekannt, ist das älteste Fragment, das wir bis heute haben. Es wurde in Ägypten gefunden und paläographisch auf das Jahr 130 n. Chr. datiert. Dieser Fund zwang die Kritiker, das vierte Evangelium zurück ins 1. Jahrhundert zu platzieren und ihre ehemalige Behauptung aufzugeben, dass es nicht vom Apostel Johannes geschrieben worden sein konnte. Das Rylands Papyrus ist in der John Rylands Universitätsbibliothek in Manchester, England, ausgestellt. Es enthält die folgenden Verse aus Johannes 18:

Da sprach Pilatus zu ihnen: So nehmt ihr ihn und richtet ihn nach eurem Gesetz. Da sprachen die Juden zu ihm: Es ist uns nicht erlaubt, jemanden zu töten. So sollte das Wort Jesu erfüllt werden, das er gesagt hatte, um anzuzeigen, welchen Todes er sterben würde. Da ging Pilatus wieder hinein ins Prätorium und rief Jesus und sprach zu ihm: Bist du der Juden König? Jesus antwortete: Sagst du das von dir aus, oder haben dir's andere über mich gesagt? Pilatus antwortete: Bin ich ein Jude? Dein Volk und die Hohenpriester haben dich mir überantwortet. Was hast du getan? Jesus antwortete: Mein Reich ist nicht von dieser Welt. Wäre mein Reich von dieser Welt, meine Diener würden darum kämpfen, dass ich den Juden nicht überantwortet würde; aber nun ist mein Reich nicht von hier. Da sprach Pilatus zu ihm: So bist du dennoch ein König? Jesus antwortete: Du sagst es: Ich bin ein König. Ich bin dazu geboren und in die Welt gekommen, dass ich die Wahrheit bezeuge. Wer aus der Wahrheit ist, der hört meine Stimme. Spricht Pilatus zu ihm: Was ist Wahrheit?

Diese Verse gehören zu den wichtigsten Versen über die Wahrheit über Gott, den Messias, den Menschen, Sünde und Erlösung.

Die Historien des Herodot ist ein grundlegendes Geschichtswerk in der westlichen Welt. Es half beim Belegen von Informationen und legte den Stil für die westliche Geschichte fest. Aus den Fakten in der nachstehenden Tabelle ist ersichtlich, dass der Ursprung der Schrift des Johannesevangeliums glaubwürdiger und authentischer ist als die Schriften Herodots.

Autor und Werk	Johannesevangelium	Die Historien des Herodot
Lebenszeit des Autors	10-100 n. Chr.	485-425 v. Chr.
Datum der Ereignisse	27-30 n. Chr.	546-478 v. Chr.
Verfassungsdatum	90-100 n. Chr.	425-420 v. Chr.
Älteste Manuskripte	130	900
Zeitraum vom Ereignis zum Verfassen	<70 Jahre.	50-125 Jahre.
Zeitraum vom Ereignis zum Manuskript	<100 Jahre.	1.400-1.450 Jahre.

Sir Frederic G. Kenyon, ein Paläograph (Experte für antike Handschriften), schrieb ein Buch mit dem Titel *The Bible and Archaeology*, in dem er schrieb: „Der Abstand zwischen dem Zeitpunkt der ursprünglichen Abfassung und den frühesten erhaltenen Beweisen ist so gering, dass er im Grunde genommen unbedeutend ist, und die letzte Grundlage für jeden Zweifel daran, dass die Heilige Schrift uns im Wesentlichen so überliefert wurde, wie sie geschrieben wurde, ist nun beseitigt. Die *Echtheit* und die *allgemeine Integrität* der Bücher des Neuen Testaments können als endgültig erwiesen betrachtet werden."[10]

---

10 Sir Frederic G. Kenyon, *The Bible and Archaeology* (London: George G. Harrap & Co, 1940), 288-289.

Brooke Foss Wescott, ein britischer Bischof und Bibelgelehrter, und Fenton John Anthony Hort, ein in Irland geborener Theologe, benötigten 28 Jahre, um ihr Neues Testament im griechischen Original zusammenzustellen. Sie stellten fest: „Abgesehen von verhältnismäßigen Kleinigkeiten, wie Änderungen der Reihenfolge, das Einfügen oder Auslassen des Artikels mit den richtigen Namen und ähnliches beträgt unserer Meinung nach die Anzahl der Worte, die immer noch angezweifelt werden können, kaum mehr als ein Tausendstel des Neuen Testaments."[11]

Mit anderen Worten werden durch die kleinen Abweichungen und Unterschiede in den Manuskripten keine wichtigen Lehren verändert und sie haben keinen Einfluss auf das Christentum. Die Botschaft ist dieselbe, mit oder ohne die Unterschiede. Wir haben das Wort Gottes!

Das Universum hatte einen Anfang. Im Gegensatz dazu beschreiben viele antike Mythen, dass das Universum aus einem vorhandenen Chaos organisiert und nicht geschaffen wurde. Die Babylonier glaubten beispielsweise, dass die Götter, die das Universum ins Leben gerufen hatten, aus zwei Ozeanen kamen. Andere Legenden besagten, dass das Universum aus einem riesigen Ei entstanden war. Die Gegner des Glaubens, sowie die allgemeine nichtgläubige

---

11   Brooke Foss Wescott and Fenton John Anthony Hort, *The New Testament in the Original Greek* (New York: Harper & Brothers, 1881) 561.

Gesellschaft, wollen uns glauben machen, dass es keine Wissenschaftler gibt, die an Gott glauben. Sie sagen, dass aus wissenschaftlicher Sicht ein Glaube an Gott unnötig ist.

Sakrileg ist ein Roman des Autors Dan Brown, der eine alternative religiöse Geschichte untersucht. Es wurden 8 Millionen Exemplare verkauft und der Roman wurde in über 44 Sprachen übersetzt. Der „Experte" der Handlung von *Sakrileg* sagt Folgendes: „Die Bibel kam nicht als Fax vom Himmel ... Die Bibel ist das Produkt des Menschen, meine Lieben. Nicht von Gott. Die Bibel fiel nicht auf magische Weise aus den Wolken. Der Mensch schuf sie als einen geschichtlichen Bericht von stürmischen Zeiten und sie hat sich durch zahlreiche Übersetzungen, Ergänzungen und Überarbeitungen entwickelt. Es gab in der Geschichte nie eine endgültige Version dieses Buches."[12] Glücklicherweise steht diese Äußerung in einer erfundenen Geschichte, wo sie auch hingehört.

Säkulare Wissenschaftler schauen oft auf diejenigen herab, die an Gott, Wunder, die Schöpfung usw. glauben. Sie nutzen angeblich wissenschaftliche Fakten, um unseren Glauben an die Realität Gottes zu widerlegen. Jedoch lehnen nicht alle Wissenschaftler die Vorstellung von einem Gott ab. Es gab immer Menschen unter den Wissenschaftlern, deren Glaube an Gott die Grundlage für ihr Leben war. Das galt auch, wenn sie wissenschaftliche Forschungen und Entdeckungen

---

12   Dan Brown, *Sakrileg* (Bergisch Gladbach: Lübbe, 2003), 231.

durchgeführt haben. Einige von zahlreichen Beispielen sind nachstehend aufgeführt.

Francis Bacon (1561-1626). Bacon wird meistens als der Mann betrachtet, der hauptsächlich mit der sogenannten „wissenschaftlichen Methode" in Verbindung gebracht wurde. Die wissenschaftliche Methode legt besonderen Wert auf Beobachtung und Überprüfung statt auf philosophische Hypothesen (die Bildung einer Meinung oder die Aufstellung einer Theorie ohne ausreichende Beweise). Bacon glaubte, dass Gott uns zwei Bücher zum Studieren gab: die Bibel und die Natur.

Johann Kepler (1571-1630). Johann Kepler wird von vielen als der Gründer der physischen Astronomie betrachtet. Er entdeckte die Gesetze der Planetenbewegungen und begründete das Fachgebiet der Himmelsmechanik. Zu seinen Beiträgen zur Wissenschaft gehören unter anderem die unwiderlegliche Darstellung des heliozentrischen Weltbilds vom Sonnensystem (in dem die Sonne im Mittelpunkt steht), die Entwicklung einer Methode zur Abbildung von Sternenbewegungen und der Beitrag zur Entwicklung des Calculus. Kepler war ein Christ, der eine theologische Ausbildung absolvierte, aber sich von Gott leiten ließ und schließlich Astronomie lehrte. Kepler prägte den Ausdruck und die Idee, dass Forschung und Entdeckung bedeutete, „Gottes Gedanken nach ihm zu denken", ein von vielen späteren christlichen Wissenschaftlern übernommenes Motto.

Blaise Pascal (1623-1662). Als einer der größten Philosophen wird Pascal als der Vater der Wissenschaft der Hydrostatik betrachtet – der Untersuchung des Drucks, den Flüssigkeiten auf andere Objekte ausüben. Pascal hatte viel mit der Entwicklung des Calculus und der Wahrscheinlichkeitstheorie sowie mit der Erfindung des Barometers zu tun. Er war jedoch ein tiefreligiöser Mann, der viel über seinen Glauben lehrte und schrieb. Er ist wahrscheinlich am besten für die von Christen genannte „Pacal'sche Wette" bekannt, in der im Grunde genommen gefragt wird, warum jemand es wagen sollte, so zu leben, als ob es keinen Gott geben würde.

Isaac Newton (1642-1727). Wer hat noch nie von Isaac Newton gehört? Ihm wird die Entdeckung des Gesetzes der Schwerkraft, der drei Gesetze der Bewegung und die Verfeinerung des Calculus in einen umfassenden Teil der Mathematik zugeschrieben. Newton war von seiner Jugend an ein Christ und in späteren Jahren schrieb er viel gegen den Atheismus und zur Verteidigung des christlichen Glaubens. Newton war davon überzeugt, dass die Bibel sich selbst besser beglaubigt als jede jemals geschriebene historische Aufzeichnung.

Samuel F. B. Morse (1791-1872). An Morse erinnert man sich wahrscheinlich am meisten wegen seiner Erfindung des Telegrafen. Er entwickelte jedoch auch die erste Kamera in Amerika und erstellte das erste fotografische Portrait. Morse war ein Mann mit einer tiefen Hingabe zu Gott. Die erste Nachricht, die er 1844 über seinen neu entwickelten Telegrafen sandte, lautete: „Was Gott gewirkt hat." (ein Zitat aus 4. Mose 23,23). Er widmete sein Leben, um Gott zu lieben und zu dienen. Morse schrieb diese Worte kurz vor seinem Tod: „Je näher ich dem Ende meiner Pilgerreise komme, desto deutlicher ist der Beweis für den göttlichen Ursprung der Bibel. Ich schätze die Größe und Hoheit von Gottes Heil immer mehr und die Zukunft ist erhellt mit Hoffnung und Freude."[13]

Louis Pasteur (1822-1895). Pasteur war ein Riese im Fachgebiet der Medizin und spielte eine entscheidende Rolle bei der Entwicklung der Keimtheorie als Ursache von Krankheiten. Er leistete zudem viele andere wichtige Beiträge in den Bereichen Chemie und Physik. Seine Forschungen halfen bei der Entwicklung von Impfstoffen gegen viele Krankheiten. Pasteur trug dazu bei, die Evolutionstheorie von der Spontanerzeugung des Lebens zu widerlegen. Pasteur erlebte auch, wie andere es heutzutage erleben, dass säkulare, naturalistische

---

13 Ray Comfort, *Scientific Facts in the Bible* (Newberry, Florida: Bridge-Logos Publishers, 2001), 50.

Wissenschaftler in den Angriff übergehen, wenn man für den Glauben an die biblische Schöpfung eintritt.

William Thompson, Lord Kelvin (1824-1907). Kelvin begründete die Skala der absoluten Temperaturen. Solche Temperaturen werden heute als „Grad Kelvin" angegeben. Lord Kelvin führte Thermodynamik als einen offiziellen wissenschaftlichen Fachbereich ein und formulierte seine ersten und zweiten Gesetze mit treffenden Begriffen. Kelvin glaubte, dass die Wissenschaft die Realität der Schöpfung bestätigte. Er war ein frommer und demütiger Christ, sogar als er sich offensiv an der Auseinandersetzung um das Alter der Erde beteiligte, den Darwinismus dementierte und für die Schöpfung eintrat.

Wernher von Braun (1912-1977). Von Braun spielte eine entscheidende Rolle bei der Entwicklung der deutschen V-2 Rakete, bevor er nach Amerika auswanderte. Er leitete die US-Entwicklung von Fernlenkwaffen mehrere Jahre lang, bevor er der Direktor der NASA wurde. Über das Thema Raumfahrt schrieb er einst: „Ein Ausblick aus diesem Guckloch auf die enormen Rätsel des Universums sollte unseren Glauben an die gewisse Existenz seines Schöpfers nur bestätigen."[14]

---

14   Wernher von Braun, "My Faith," *American Weekly*, 10. Februar 1963.

Francis Collins (1950-heute). Als Direktor des Humangenomprojekts hat er öffentlich seinen Glauben an Gott bekannt. Collins hat das geistliche Wunder der wissenschaftlichen Forschung mit diesen Worten ausgedrückt: „Wenn etwas Neues über das Humangenom offenbart wird, erlebe ich ein Gefühl der Ehrfurcht bei der Erkenntnis, dass die Menschheit nun etwas weiß, dass davor nur Gott wusste."[15]

Ich habe dir einige grundlegende interne, externe und bibliografische Beweise aufgezeigt, um zu beweisen, dass wir vollkommen darauf vertrauen können, dass die Bibel authentisch ist. Die hebräischen und griechischen Manuskripte sind, obwohl es nur Abschriften sind, von Gott bewahrt worden und die verfügbaren Übersetzungen sind frei von theologischer Befangenheit. Deshalb können wir darauf vertrauen, dass die Bibel, die wir heute lesen, die Schriften so enthält, wie sie ursprünglich verfasst wurden. Sie können gelesen werden, ohne dass wir Angst davor haben müssen, dass sie verdorben wurden, um eine besondere Kirche oder Lehre zu unterstützen. Die Bibel wurde von Gott inspiriert und enthält die Bücher, die für uns Autorität haben.

Die Bibel verkündet, dass Menschen entweder in ihren Sünden sterben (Johannes 8,24) oder dass sie im Herrn sterben (Offenbarung 14,13). Es ist nicht

---

15   Mark O'Keefe, "Some on Shuttle Crew Saw God's Face in Universe," *Washington Post*, 8. Februar 2003.

entscheidend, wie oder wann eine Person stirbt. Die wichtigste Frage ist: Wirst du in deinen Sünden sterben oder wirst du im Herrn sterben?

WAS BEDEUTET ES, IN DEINEN SÜNDEN ZU STERBEN?

Ich bin das Licht der Welt. Wer mir nachfolgt, der wird nicht wandeln in der Finsternis, sondern wird das Licht des Lebens haben. (Johannes 8,12) Jesus sagte: *Ich bin das Licht der Welt.* Alles Gute in deinem Leben und alles Gute in der Welt hast du Gott zu verdanken. Ohne ihn gibt es kein Licht, keine Liebe, keine Hoffnung, keinen Frieden und keine Freude. Ohne Gott ist alles Finsternis. Dann sagte Jesus: *Wer mir nachfolgt, der wird nicht wandeln in der Finsternis.* Stell dir vor, dass wir uns alle in einem dunklen Tunnel befinden. Jesus hat ein Licht und er kommt uns entgegen, während er durch den Tunnel geht. Wenn wir mit ihm gehen, wandeln wir im Licht. Aber wenn wir uns weigern, ihm zu folgen und den entgegengesetzten Weg nehmen, wird sein Licht sich immer mehr von uns entfernen und wir werden schließlich in der Finsternis zurückbleiben.

Das gilt für dieses Leben und natürlich gilt es auch für die zukünftige Welt. Über diese Welt hinaus gibt es einen Ort, an dem Jesus ist. Weil er dort ist, ist es eine Welt voller Licht und Liebe und Frieden und Freude. Aber jenseits dieser Welt gibt es auch einen Ort, an dem Jesus nicht ist. Weil er dort nicht ist, ist es eine Welt von Finsternis und Hass und Chaos und Elend.

Als Jesus sagte: *Ich bin das Licht der Welt. Wer mir nachfolgt, der wird nicht wandeln in der Finsternis, sondern wird das Licht des Lebens haben*, war es sofort offensichtlich, dass seine Zuhörer seine Meinung nicht teilten.

Sie versuchten, seine Autorität zu untergraben. „Du gibst Zeugnis von dir selbst", sagten sie. Heute würden die Leute sagen: „Nun, das ist deine Meinung!" Die Diskussion ist in Johannes 8,13-20 aufgezeichnet und sie klingt sehr ähnlich, wie wir es oft in unserer Zeit hören.

Die Tatsache bleibt, dass du dich nicht selbst in den Himmel einladen kannst. Jesus sagte: *Ich gehe hinweg, und ihr werdet mich suchen und in eurer Sünde sterben. Wo ich hingehe, da könnt ihr nicht hinkommen* (Johannes 8,21).

Die religiösen Führer waren sich sicher, dass sie in den Himmel kommen würden (so wie die meisten Amerikaner heutzutage) und sagten deshalb: „Wir gehen in den Himmel. Wenn wir nicht dahin gehen können, wohin er geht, muss er wohl an einen anderen Ort gehen. Vielleicht will er sich selbst umbringen."

Daraufhin sagte Jesus: *Ihr seid von unten her, ich bin von oben her; ihr seid von dieser Welt, ich bin nicht von dieser Welt.* (Johannes 8,23) Damit meint er: „Die Erde ist euer Zuhause. Ihr gehört nicht in den Himmel. Der Himmel ist mein Zuhause. Ich gehöre nicht hier auf die Erde." Es besteht ein entscheidender Unterschied zwischen uns und Jesus. Der Himmel gehört uns nicht.

Stell dir vor, dass jemand an die Tür deines Hauses klopfst und du die Tür öffnest und einen Fremden siehst. Du hast ihn nie zuvor gesehen. Bevor du irgendetwas sagen kannst, schiebt er die Tür auf, zwängt sich an dir vorbei, geht geradeaus die Treppe hoch und beginnt, seine Sachen in einem der Schlafzimmer auszupacken.

Du fragst ihn: „Was fällt Ihnen eigentlich ein?"

Er sagt: „Mir gefällt dieses Haus und ich habe mich entschieden, hier zu wohnen."

Du stehst vollkommen verblüfft da und sagst: „Entschuldigen Sie bitte, aber das ist mein Haus. Wenn Sie es nicht sofort verlassen, rufe ich die Polizei."

Wenn du mich in dein Haus einlädst, könnte ich dort als dein Gast bleiben. Aber ich habe kein Recht, in deinem Haus zu bleiben, wenn du mich nicht einlädst. Alles hängt von deiner Einladung ab. Sollte ich bei dir bleiben, dann nur mit deinem Einverständnis. Der Himmel ist Jesu Zuhause und wir haben kein Recht darauf. Wir sind von unten. Wir gehören dort nicht hin.

Jesus sagte: *So habe ich euch gesagt, dass ihr sterben werdet in euren Sünden; denn wenn ihr nicht glaubt, dass ich es bin [der ich sage, der ich bin], werdet ihr sterben in euren Sünden.* (Johannes 8,24) In deinen Sünden zu sterben bedeutet, dass du deine Sünden mit dir in deinen Tod hinein trägst. Stell dir eine Person vor, die vom Leben zum Tod übergeht. Sie weiß nicht, was mit ihr passiert. Sie geht vorwärts. Sie geht hinaus. Sie kann in dieser Angelegenheit nicht entscheiden. Sie weiß, dass sie nicht zurückgehen kann. Sie stirbt in ihren Sünden. Sie hat dieses schreckliche Gefühl, dass sie schuldig ist. Plötzlich leuchtet ihr ganzes Leben vor ihr auf und sie sieht es so, wie es wirklich ist – und alles daran ist falsch. Ihr ganzes Leben lang hat sie ihr Gewissen unterdrückt, dagegen gehandelt und es unter Kontrolle gehalten. Plötzlich behauptet es sich und dieser Person wird richtig schlecht, da sie sich verdammt fühlt. Noch schlimmer ist die Tatsache, dass sie vor Gott verdammt ist und sich unter Gottes Fluch gegen die Sünde befindet. Alles wird ihr jetzt klar. Sie hatte es zuvor nicht gesehen, aber jetzt versteht sie alles.

David Martyn Lloyd-Jones drückte es folgendermaßen aus:

> Die Gebote, die er immer wieder unterdrückte und unter Kontrolle hielt, sprechen nun zu ihm: Du sollst nicht töten, du sollst nicht stehlen, du sollst

nicht ehebrechen, du sollst den Namen
des Herrn deines Gottes nicht unnütz
führen, du sollst den Herrn, deinen Gott,
lieben und nur ihm dienen – und all das
hatte er nicht getan! Und jetzt stirbt er und
erinnert sich an alles. Er stirbt in seinen
Sünden, umgeben von ihnen und in ihrer
Atmosphäre. Das ist die Situation, in der
er sich befindet. Dann blickt er kurz in
die Zukunft und er sieht Einblicke in die
Hölle und die Qualen und das Elend. Er
ist mit einem Gefühl der Reue erfüllt und
verabscheut die Dinge, die er getan hat.
Er hasst sich selbst und spürt, dass er ein
Narr gewesen ist. Er hat sein Leben gelebt,
ohne an diese wichtigste Sache zu denken!
Er verlässt die Gegenwart und geht einer
ungewissen Zukunft entgegen. Und er
weiß es nicht, er versteht es nicht. Er kann
nichts daran ändern, wie er gelebt hat
und vor sich sieht er diese schrecklichen
Dinge. Und ich glaube, dass ihm zu diesem
Zeitpunkt auch ein kurzer Blick in den
Himmel und die Herrlichkeit gewährt
wird, aber ihm wird klar, dass er dafür
nicht geeignet ist. Es ist sauber, es ist rein,
es ist Licht, es ist heilig und er weiß, dass
er dort nicht glücklich sein würde. Er

hat nie über diese Dinge nachgedacht.
Er hat für das Gegenteil gelebt. Und dort
ist Gott in all seiner Herrlichkeit und all
diese Reinheit und all diese Anbetung.
Er ist nicht daran interessiert. Er war es
nie gewesen und trotzdem sieht er, dass
es wunderbar und herrlich ist, aber er
ist nicht dafür geeignet. Er kann nicht
dorthin gehen.[16]

Es gibt nichts Schrecklicheres, als in deinen Sünden zu sterben.

Es gibt drei Stellen in der Bibel, wo der Ausdruck *in deinen Sünden sterben* so oder ähnlich steht: Hesekiel 3,20; Johannes 8,21; und Johannes 8,24.

In Hesekiel 3,20 steht: *Und wenn sich ein Gerechter von seiner Gerechtigkeit abwendet und Unrecht tut, so werde ich ihn zu Fall bringen und er muss sterben. Denn weil du ihn nicht gewarnt hast, wird er um seiner Sünde willen sterben, und seine Gerechtigkeit, die er getan hat, wird nicht angesehen werden; aber sein Blut will ich von deiner Hand fordern.*

Hesekiel war von Gott als Wächter eingesetzt worden. Seine Aufgabe war es, Gottes Wort zu reden und die Menschen ernsthaft zu warnen. Der Prophet wurde gewarnt, dass ihr Blut an seinen Händen haften

---

16   David Martyn Lloyd-Jones, "Two Ways of Dying,"
       https://www.mljtrust.org/sermons/book-of-john/two-ways-of-dying/.

würde, wenn er nicht Alarm schlagen würde, wenn er nicht mit den Menschen reden und sie wegen des kommenden Gerichts warnen würde (Hesekiel 33,7-9). Der Dienst des Propheten im Alten Testament war ein furchterregender Dienst und bedeutete eine gewaltige Menge an Verantwortung. Es war ein Amt, das keiner wirklich innehaben wollte. Es bedeutete auch ein einsames Leben. Ein Prophet war ein Schwarzmaler, der meistens an einem elenden Tod starb, so wie der Prophet Jesaja, der in zwei Teile gesägt wurde, oder der Prophet Sacharja, der zu Tode gesteinigt wurde, oder der Prophet Amos, der mit einem Knüppel verprügelt wurde – und alle von ihrem eigenen Volk. Warum? Die Antwort ist einfach: Die meisten Leute wollen die Wahrheit nicht hören. Sie behaupten vielleicht, dass sie die Wahrheit wissen wollen, aber sie können nicht damit umgehen. Realityshows scheinen heutzutage sehr beliebt zu sein, aber im echten Leben kommt die Wahrheit nicht so gut an.

> *Ich gehe hinweg, und ihr werdet mich suchen und in eurer Sünde sterben. Wo ich hingehe, da könnt ihr nicht hinkommen. … So habe ich euch gesagt, dass ihr sterben werdet in euren Sünden; denn wenn ihr nicht glaubt, dass ich es bin [der ich sage, der ich bin], werdet ihr sterben in euren Sünden.* (Johannes 8,21.24)

Aus diesen Versen ergibt sich, dass der Ausdruck *in deinen Sünden sterben* bedeutet, dass die Person nach ihrem körperlichen Tod alle Sünden behalten wird, die sie begangen hat und damit auch die Folgen und die Strafe für diese Sünden. Die Folge ist, dass die Person die ewige Strafe erleiden wird. Der körperliche Tod trennt den Geist vom Körper, der geistliche Tod trennt den Geist von Gott.

Sünde ist ein Verstoß gegen Gottes Gesetz (1. Johannes 3,4) und sie trennt uns von Gott (Jesaja 59,2). Deshalb werden leider alle, die nicht auf das Opfer Christi vertrauen, in ihren Sünden sterben. Ich sage „leider", weil es nicht so sein muss. Sie müssen nicht für ihre Sünden verantwortlich gemacht werden. Beachte, dass hier nicht steht, dass sie *an* ihren Sünden, sondern vielmehr *in* ihnen sterben werden. Ihre Sünden bleiben erhalten. Sie werden nie von ihnen befreit und nie ewiges Leben haben. Für mich ist das so herzzerreißend, insbesondere weil es vermieden werden kann.

In Johannes 8,21 steht das Wort *Sünde* im Singular, was vom Kontext her andeutet, dass sie mit der Schuld sterben würden, Jesus abgelehnt zu haben. Sie würden für immer daran gehindert werden, in den Himmel zu kommen, wohin der Herr ging. Dies ist eine ernsthafte Wahrheit! Diejenigen, die sich weigern, Jesus als Retter und Herrn anzunehmen, werden keine Hoffnung auf den Himmel haben. Wie fürchterlich, in seinen Sünden zu sterben – für immer ohne Gott, ohne Christus und ohne Hoffnung!

In Johannes 8,24 steht das Wort *Sünden* im Plural. Dies deutet an, dass die nicht erlösten Menschen mit all ihren Sünden sterben werden, nicht nur mit der Sünde der Ablehnung Jesu. So können wir sagen, dass durch die Sünde der Ablehnung Jesu alle anderen Sünden erhalten bleiben.

Sünde ist ein rechtliches Problem. Da Sünde ein Verstoß gegen das Gesetz Gottes ist (1. Johannes 3,4), müssen wir, wenn wir sündigen, eine Konsequenz tragen, die dem Gesetz entspricht. Jesus hat nie gegen das Gesetz verstoßen (1. Petrus 2,22). Unsere Sünde wurde ihm am Kreuz angerechnet (rechtlich auf ihn übertragen) (1. Petrus 2,24). Weil der Lohn der Sünde der Tod ist (Römer 6,23) und weil Jesus mit diesen Sünden gestorben ist und somit die Anforderung des Gesetzes erfüllt, wurde der rechtliche Aspekt der Schuld der Sünde im Opfer Christi abgegolten. Deshalb konnte er sagen: *Es ist vollbracht!* (Johannes 19,30). Alle, die das Opfer Jesu im Glauben annehmen, werden durch diesen Glauben gerechtfertigt (Römer 5,1). Die Rechtfertigung ist eine rechtliche Erklärung der Gerechtigkeit vor Gott. Wenn also Menschen sterben, die auf Jesus vertraut haben, sterben sie nicht mit ihren Sünden. Sie sterben ohne die rechtliche Konsequenz ihrer Sünden. Alle jedoch, die nicht durch Glauben auf Jesus vertraut haben, werden die rechtliche Konsequenz ihrer Sünde behalten und die angemessene Strafe entsprechend dem Gesetz erleiden.

Ihr werdet in eurer Sünde sterben. (Johannes 8,21). Singular. Eine Sünde. Welches ist diese Sünde? Welches ist die eine Sünde, in der diese Menschen wahrscheinlich sterben werden? *So habe ich euch gesagt, dass ihr sterben werdet in euren Sünden;* [Plural] *denn wenn ihr nicht glaubt, dass ich es bin [der ich sage, der ich bin], werdet ihr sterben in euren Sünden.* [Plural] (Johannes 8,24) *Denn wenn ihr nicht glaubt, dass ich es bin [der ich sage, der ich bin].* Unglaube in Bezug auf Jesus ist die eine Sünde, die dazu führt, dass du alle anderen Sünden mit dir in den Tod nimmst. Wenn du nicht glaubst, wirst du in deinen Sünden sterben. Die Alternative dazu ist die Hoffnung des Evangeliums. Unglaube gegenüber Jesus führt dazu, dass du in deinen Sünden stirbst, aber wenn du glaubst, dass Jesus der Messias ist, wirst du nicht in deinen Sünden sterben.

Warum ist es so wichtig, an Jesus zu glauben? Weil der Glaube das Band eines lebendigen Zusammenschlusses ist, in dem du dich Christus hingibst und Christus sich dir hingibt. Christus wird dein Retter und dein Freund. Christus wird dein Herr und Meister und wenn du zu ihm gehörst, ist sein Zuhause auch dein Zuhause.

Es gibt noch mehr zu sagen. Jesus führte ein Leben ohne Sünde. Er ist die einzige Person, die das je vollbracht hat und überhaupt in der Lage ist, dies zu tun. Er lebte und starb ohne Sünde. Die Bibel sagt uns, dass *der unsre*

Sünden selbst hinaufgetragen hat an seinem Leibe auf das Holz. (1. Petrus 2,24) *Der HERR warf unser aller Sünde auf ihn.* (Jesaja 53,6)

Die wunderbare Sache, die für jede Person gilt, die an Jesus glaubt, ist, dass Christus deine Sünden in seinen Tod getragen hat, damit du sie nicht in deinen Tod tragen musst. Glaube an den Herrn Jesus Christus, nimm ihn an, empfange ihn und folge ihm (indem du dich seinem Willen unterordnest) – dann wirst du nicht in deinen Sünden sterben. Du wirst im Herrn sterben! *Selig sind die Toten, die in dem Herrn sterben.* (Offenbarung 14,13) Du wirst vielleicht an Durst sterben, aber du musst nicht durstig sterben.

Was kann man einem Freund oder einem Angehörigen sagen, der kein bekennender Gläubiger ist und dem Tod nahe ist? Ich befand mich erst kürzlich in dieser Situation. Er war ein guter Freund, mein bester Freund, den ich seit über 30 Jahren kannte. Wir trafen uns in einem Fitnessstudio, in dem ich arbeitete, um mein Gehalt aufzustocken. Obwohl mein Freund ein hervorragender Chirurg und ich nur sein Personal Trainer war, entwickelten wir großen Respekt füreinander, sowie eine großartige Freundschaft. Worte können nicht ausreichend ausdrücken, was ich für meinen lieben Freund empfand, aber wenn ich ihn in Worten beschreiben müsste, würden es unter anderem Worte wie liebevoll, freundlich, großzügig, hervorragend, scherzhaft, fürsorglich, gastfreundlich, lustig und mitfühlend sein. Wir neigen jedoch dazu zu übersehen, dass er ein Sünder war und wie alle von uns, nicht Gottes heilige Anforderung erfüllen konnte, um ewig bei Gott zu sein.

Nachdem wir vor 20 Jahren nach Georgia umgezogen waren, um eine Gemeinde zu gründen, besuchte ich meinen Freund mehrmals pro Jahr und unternahm regelmäßige Reisen nach Florida, um jeweils eine Woche mit ihm zu verbringen. Ich freute mich darauf, ihn zu sehen. Er hatte eine gute körperliche Verfassung und deshalb war seine Krebsdiagnose ein Schock. Sie kam aus heiterem Himmel. Eines Tages erlebte er ungewöhnlich starke Schmerzen. Die Tests zeigten, dass er mehrere Tumore an verschiedenen Stellen in seinem Körper hatte. Ich glaube zwar nicht, dass das Evangelium irgendetwas mit Frank Sinatra zu tun hat, aber diese Zeile aus seinem Lied „That's life" trifft hier wirklich zu: „Im April fliegst du noch hoch und im Mai wirst du abgeschossen." Ich fuhr sofort los, um ihn zu besuchen, da ich eine starke Vorahnung hatte, dass diese Krankheit tödlich enden würde.

Obwohl er sehr begabt war, änderte das nichts an der Tatsache, dass er ein Sünder war, wie wir alle, und dringend einen Retter brauchte. Ich hatte ihm buchstäblich 30 Jahre lang von meinem Glauben bezeugt. Am letzten Tag, als ich mit ihm zusammen im Krankenhaus war, weinte ich einfach nur an seiner Bettseite. Denn obwohl ich unaufhörlich betete, hatte ich eine starke Intuition, dass dies das letzte Mal war, dass wir in diesem Leben miteinander reden würden. Durch meine Tränen hindurch sagte ich ihm, dass ich bereit wäre, auf meinen Händen und Knien über Scherben zu kriechen, nur um zu hören, wie er Gott um Vergebung für seine Sünden bitten und Jesus als seinen Herrn und Retter anerkennen würde. Ich sagte ihm, dass dies der einzige Weg zum Himmel ist und dass ich wissen musste, ob ich ihn je wiedersehen würde. Ich flehte ihn an, nicht in seinen Sünden zu sterben. Ich bin überglücklich dir berichten zu können, dass er tatsächlich Jesus als seinen Herrn und Retter angenommen hat. In der Bibel steht, dass du gerettet wirst, wenn du mit deinem Mund bekennst und in deinem Herzen glaubst, dass Jesus der Herr ist (Römer 10,9).

Tatsächlich gibt es im Leben Ereignisse, bei denen du wählen kannst und Ereignisse, bei denen du keine Wahl ist. Beispielsweise ist deine Geburt ein Ereignis, bei dem du keine Wahl hattest. Dein Tod ist ebenfalls ein Ereignis, bei dem du keine Wahl hast. Deine Auferstehung von den Toten genauso. Du hast jedoch die Wahl, was dein Endziel betrifft. Die Bibel sagt uns, dass alle Menschen am letzten Tag auferweckt werden. Einige werden zum ewigen Gericht auferweckt und andere zum ewigen Segen. Es gibt zwei – und nur zwei – Wahlmöglichkeiten.

Heute dreht sich alles darum, jung zu bleiben und die eigene Jugend zu erhalten. Wir sind davon besessen, gut auszusehen. Man sagt, dass 60 die neue 40 ist. Ich sage, dass ihre Mathematik falsch ist. Obwohl ich trainiere und versuche, mich gesund zu ernähren, existiert mein Körper – einschließlich meiner Augen – nun schon seit über 60 Jahren. Ich hatte vor kurzem eine Augenuntersuchung – das hatte ich schon seit sehr langer Zeit nicht mehr gemacht. Deshalb war ich nicht überrascht, als mir gesagt wurde, dass ich eine Lesebrille benötige. Ich war jedoch überrascht, als ich aufgefordert wurde, ein Gestell für die Gläser auszusuchen. Ich schaute hoch und sah zu meiner Verwunderung hunderte von Gestellen zur Auswahl. Ich treffe nicht gerne solche Entscheidungen. Ich wünschte, dass es nur zwei Gestelle an der Wand geben würde – ein schwarzes und ein weißes Gestell. Deshalb liebe ich die Bibel so sehr. Gott hat es einfach gemacht. Es gibt Gott und Satan. Es gibt Gerechtigkeit und Ungerechtigkeit bzw. Richtigkeit und Falschheit. Es gibt den schmalen Weg, der zum Leben führt und den breiten Weg, der zum Tod führt. Es gibt Himmel und Hölle. Du hast die einfache Auswahl zwischen den weißen oder den schwarzen Gestellen.

Ich flehe dich an, über dein Endziel und deine Rettung bzw. deren Nichtvorhandensein nachzudenken. Vor 3.000 Jahren informierte die Bibel uns darüber, dass unsere Lebenszeit 70 oder möglicherweise 80 Jahre beträgt (Psalm 90,10) und *danach kommt das Gericht* (Hebräer 9,27). Auf einer Skala der Ewigkeit sind 70 oder 80 Jahre sehr kurz. Die Bibel sagt, dass ein Tag wie tausend Jahre für den Herrn ist und dass tausend Jahre wie ein Tag sind (2. Petrus 3,8). Wenn wir also eine einfache algebraische Gleichung verwenden, ist unser Leben wie anderthalb Stunden auf der Skala der Ewigkeit.

Hier ist der Deal: Wenn du nie Buße getan hast für deine Sünden und Jesus nie für die Vergebung deiner Sünden angenommen hast, bete ich, dass heute der Tag deiner Rettung wird.

Jesus sagte: *Ich bin das Licht der Welt. Wer mir nachfolgt, der wird nicht wandeln in der Finsternis, sondern wird das Licht des Lebens haben.* (Johannes 8,12)

Es gibt eine Welt, die sehr finster ist, weil Jesus nicht dort ist. Es gibt auch eine Welt, die voller Liebe, Frieden und Freude ist, weil Jesus ihr Licht ist. Jesus starb für Sünder wie dich und mich. Bitte ihn um Barmherzigkeit. Bitte ihn, dir zu vergeben und dich zu reinigen. Jesus trug die Sünden anderer in seinen Tod, damit du sie nicht in deinen Tod tragen musst.

Wie sieht es heute mit dir aus? Folgst du Jesus nach? Glaubst du, dass er der Messias ist, der Retter der Welt?

Stell dir vor, dass zwei Männer an Herzinfarkten sterben: Einer stirbt in seinen Sünden und der andere stirbt im Herrn. Welcher der beiden wärst du? Zwei Frauen sterben bei einem Autounfall: Eine stirbt in ihren Sünden und die andere stirbt im Herrn. Welche der beiden wärst du? Wenn du heute Nacht sterben würdest, würdest du in deinen Sünden sterben oder würdest du im Herrn sterben?

DER DIEB AM KREUZ

Zwei Männer, beide Verbrecher, wurden hinausgeführt, um zusammen mit Jesus gekreuzigt zu werden. Als sie zu einem Ort kamen, der Schädelstätte genannt wird, wurde Jesus ans Kreuz genagelt. Die zwei Verbrecher wurden ebenfalls gekreuzigt – einer rechts und der andere links von Jesus. Jesus sagte: *Vater, vergib ihnen; denn sie wissen nicht, was sie tun.* (Lukas 23,34) Die Soldaten würfelten um seine Kleider.

Die Menge sah zu und die Führer spotteten. *[Sie] sprachen: Er hat andern geholfen; er helfe sich selber, ist er der Christus, der Auserwählte Gottes.* (Lukas 23,35) Die Soldaten verhöhnten ihn ebenfalls, indem sie ihm einen Schluck sauren Wein anboten. Sie riefen ihm zu: *Bist du der Juden König, so hilf dir selber!* (Lukas 23,37) Über ihm war ein Schild mit den folgenden Worten befestigt: *Dies ist der Juden König.* (Lukas 23,38)

Einer der neben ihm hängenden Verbrecher spottete: *Bist du nicht der Christus? Hilf dir selbst und uns!* (Lukas 23,39). Aber der andere Verbrecher widersprach: *Fürchtest du nicht einmal Gott, der du doch in gleicher Verdammnis bist? Wir sind es zwar mit Recht, denn wir empfangen, was unsre Taten verdienen; dieser aber hat nichts Unrechtes getan.* Dann fügte er hinzu: *Jesus, gedenke an mich, wenn du in dein Reich kommst!* (Lukas 23,40-42)

Und Jesus sprach zu ihm: Wahrlich, ich sage dir: Heute wirst du mit mir im Paradies sein. (Lukas 23,43) Das Kreuz ist der Ort, an dem sich Liebe und Gerechtigkeit treffen – wo die gesamte Menschheit gewogen und als unzulänglich befunden wurde. Jesus hing dort mit ausgestreckten Armen und litt für die Umkehr einer verlorenen Welt. Auf der anderen Seite hingen zwei Diebe, die zwischen Leben und Tod taumelten, zwischen Himmel und Hölle – bis einer von ihnen sagte: *Jesus, gedenke an mich, wenn du in dein Reich kommst.*

Es ist verrückt, dass dieses die letzten Worte waren, die Jesus hörte, bevor er starb. Es waren keine Worte von religiösen Führern oder von einem seiner Jünger, sondern von einem gewöhnlichen Verbrecher. Die Worte drücken auch aus: „Vergiss mich nicht" und indirekt bedeuten sie: „Bitte nimm mich dorthin mit, wo du hingehst." Mit den Worten *wahrlich, ich sage dir: heute wirst du mit mir im Paradies sein*, wurde jener gewöhnliche Verbrecher vom Kreuz herunter in die liebenden Arme des Retters gehoben.

Wir wissen nicht viel über den Dieb. Wir wissen vom Bericht des Matthäus, dass er Jesus zusammen mit der Menge verspottete:

Desgleichen spotteten auch die Hohenpriester mit den Schriftgelehrten und Ältesten und sprachen: Andern hat er geholfen und kann sich selber nicht helfen. Er ist der König von Israel, er steige nun herab vom Kreuz. Dann wollen wir an ihn glauben. Er hat Gott vertraut; der erlöse ihn nun, wenn er Gefallen an ihm hat; denn er hat gesagt: Ich bin Gottes Sohn. Desgleichen schmähten ihn auch die Räuber, die mit ihm gekreuzigt waren. (Matthäus 27,41-44)

Hier ist die 64.000-Euro-Frage: Was veranlasste den einen Dieb dazu, für Jesus einzutreten und so demütig zu sein, sich ihm zu unterwerfen? Er sah etwas, das er nie zuvor gesehen und von dem er noch nicht einmal gehört hatte. Als sie Jesus mit Beleidigungen überhäuften, übte er keine Vergeltung. Als er litt, sprach er keine Drohungen aus, sondern vertraute sich Gott an, der gerecht richtet. Inmitten der unerträglichsten Schmerzen, die dem Menschen bekannt sind, und während er für die Verbrechen anderer litt, appellierte er an das höchste Gericht im Himmel und sagte: *Vater, vergib ihnen; denn sie wissen nicht, was sie tun.* (Lukas 23,34)

Der Dieb war hin und weg. Er wandte seinen Kopf Jesus zu und ich stelle mir vor, wie sie sich in die Augen sahen. Es fühlte sich so an, als ob Jesus bis tief in seine Seele hinein sehen konnte. Er fühlte sich so, als ob Jesus ihn besser kannte, als er sich selbst kannte und alles offen vor Jesus lag. In diesem Moment stand die Zeit still. Der Dieb sah in Jesu Augen keinen Hass, keine Verachtung und keine Verurteilung. Er sah nur eines: Vergebung. In diesem Moment erkannte der Dieb, dass Jesus kein gewöhnlicher Mensch war.

Der Dieb wusste nicht viel über Theologie. Er wusste jedoch, dass Jesus ein König war, dass sein Königreich nicht von dieser Welt war und dass dieser König die Macht hatte, sogar die unwürdigsten Menschen in sein Königreich zu bringen. In diesem vertrauten Augenblick mit dem Retter wurde eine lebenslange moralische Schuld ausgelöscht.

Es ist erstaunlich, darüber nachzudenken. Inmitten des demütigenden Gespötts der Menge und der schrecklichen Schmerzen der Kreuzigung, ging es Jesus immer noch um seinen Auftrag, die Verlorenen zu suchen und zu retten (Lukas 19,10). Die frohe Botschaft ist, dass es Jesus auch jetzt noch um seinen Auftrag geht. Wie der Dieb haben wir alle viel gestohlen. Wenn wir in unserer Wut die Stimme erheben, stehlen wir den Frieden eines anderen Menschen. Wenn wir unmoralische Gedanken haben, stehlen wir die Würde eines anderen Menschen. Wenn wir die Gefühle einer anderen Person verletzen, stehlen wir von ihrem Selbstwert. Wenn wir die Wahrheit ohne Liebe aussprechen, stehlen wir vielleicht sogar vom Königreich, weil wir eine Seele von den Grenzen des Paradieses zurückdrängen.

Wir alle stehen vor dem Herrn und unsere Diebstähle liegen offen vor ihm. Wir sind alle schuldig. Wenn du es noch nicht getan hast, bekenne alles dem Einzigen, der es alles wegnehmen kann. Warum willst du in deinen Sünden sterben? Lass dich von ihm geistlich reinigen und lass dich mit der Macht aus der Höhe füllen – der Macht, die nicht nur dein Herz verändern kann, sondern auch die Welt. Bitte den Herrn, deiner zu gedenken und dann wirst auch du mit ihm im Paradies sein.

DU MUSST NICHT IN DEINEN SÜNDEN STERBEN

Gott ist vollkommen gut, vollkommen liebend, vollkommen wunderbar und vollkommen wahr – und diese Eigenschaften strahlen ständig von ihm aus. Die Liebe, Gnade und Schönheit des Herrn waren so stark, dass sie bei der Schöpfung einer guten und schönen Welt zum Ausdruck kamen. Gott brachte diese wunderbare Welt hervor und als die krönende Herrlichkeit seines guten Werks schuf er die Menschen in seinem Bild, damit sie an seiner Liebe, Gnade und Güte teilhaben konnten.

Als Gott die Menschen schuf, gab er ihnen auch einen freien Willen, denn die Liebe ermöglicht dem Objekt der Liebe, Entscheidungen zu treffen. Nur Roboter, Computer und Maschinen haben keine Wahlmöglichkeit. Gott gab uns die Wahl, seine Liebe anzunehmen und darin zu leben oder sie abzulehnen. Die Gewährung des freien Willens würdigt die Entscheidungen der Menschen und lässt die Ebenbildlichkeit Gottes in ihnen erkennen. Nachdem Gott die ersten Menschen, Adam und Eva, geschaffen hatte, erklärte er ihnen, dass ihnen alles zur Verfügung stand. Es gab nur eine Sache, die sie nicht tun sollten. Sie sollten nicht von einem besonderen Baum im Garten essen. Leider erlagen sie, als sie versucht wurden, dieser Versuchung und übertraten das Gebot. Dies verursachte nicht nur ein Gefühl von Trennung, Reue, Scham und, was am schlimmsten ist, Schuld, sondern es öffnete auch die Tür für weitere Sünden, die dazu führten, dass unsere Welt in eine Abwärtsspirale geriet, die sich bis heute fortsetzt.

Aber das ist nicht das Ende der Geschichte. Gott ist nicht nur gut und liebevoll, sondern er ist auch allwissend und allmächtig. Gott zog nicht die Notbremse, sondern war proaktiv – mit einem Plan, den es schon gab, noch bevor er die Grundlagen der Welt gelegt hatte. Gott wollte nicht, dass die Menschen in Zerbrochenheit, Finsternis und getrennt von ihm leben sollten. Deshalb fasste er einen Plan, der die zerbrochene Welt in Ordnung bringen würde, damit den Menschen vergeben werden konnte und sie geheilt, wiederhergestellt und vollkommen gemacht werden könnten. Jesus der Messias, der vollkommen Gott ist, wurde vollkommen Mensch und zeigte den Menschen Gottes Liebe in seinem Opfer am Kreuz. Jesus gab bewusst sein eigenes Leben hin, um für unsere Sünden zu bezahlen. Nach drei Tagen stand Jesus vom Tod auf und demonstrierte damit nicht nur Gottes höchste Macht über die Sünde und den Tod, sondern informierte uns auch darüber, dass wir, wenn wir glauben, beim Kommen des Königreiches auch auferweckt werden.

Menschen erleben immer noch den körperlichen Tod, aber Jesus hat die Sünde und den Tod besiegt. Die Nachfolger Jesu werden nach ihrem körperlichen Tod ewig mit ihm leben. Ihre Körper sterben zwar, aber sie werden zum ewigen Leben mit Jesus auferweckt.

Ich sah früher oft Schilder an verschiedenen Orten, auf denen „Johannes 3,16" stand. Ich sah sie in Olympiastadien, Sportarenas, auf Werbeflächen usw. Als ein im orthodoxen Judentum aufgewachsener Junge hatte ich keine Ahnung, was das bedeutete und worauf es sich bezog. Jetzt als Gläubiger würde ich sagen, dass es wahrscheinlich der berühmteste Satz in der gesamten Literatur ist. Er lautet: *Denn also hat Gott die Welt geliebt, dass er seinen eingeborenen Sohn gab, auf dass alle, die an ihn glauben, nicht verloren werden, sondern das ewige Leben haben.*

Wenn du wirklich innehältst und darüber nachdenkst, ist es vollkommen verrückt, denn es ist Gottes Güte, die uns zur Buße leitet (Römer 2,4). Der auf Johannes 3,16 folgende Vers ist nicht so sehr bekannt, aber dennoch genauso wichtig. In Johannes 3,17 steht: *Denn Gott hat*

*seinen Sohn nicht in die Welt gesandt, dass er die Welt
richte, sondern dass die Welt durch ihn gerettet werde.*

Gott ist kein brutaler, grausamer Herrscher, der
darauf brennt, seinen Zorn über die Menschheit
auszugießen. Vielmehr ist sein Herz voller Zärtlichkeit
und er hat alles in seiner Macht stehende getan und
keine Kosten gescheut, um sie zu retten. Er hätte seinen
Sohn in die Welt senden können, um die Welt zu
verdammen, aber das tat er nicht. Ganz im Gegenteil,
er sandte ihn, um zu leiden, zu bluten und zu sterben,
damit die Welt durch ihn gerettet werden könnte. Das
Werk Jesu am Kreuz hat solch einen enormen Wert,
dass alle Sünder überall gerettet werden können, wenn
sie ihn annehmen.

Ich war einige Jahre als Rettungsschwimmer tätig.
Ich kenne niemanden, der seine Hand nicht einem
Rettungsschwimmer entgegenstrecken würde, um
vor dem Ertrinken gerettet zu werden. Entscheidend
ist hierbei, dass du zuerst erkennen musst, dass
du ertrinkst. Den meisten Menschen geht es ihrer
Einschätzung zufolge gut genug und sie sehen nicht,
dass sie untergehen. Sie sind so sehr mit sich selbst
beschäftigt, dass sie nicht zugeben, dass sie schon zum
dritten Mal untergehen. Deshalb weigern sie sich zu
rufen: „Rette mich!" Warte nicht, bis du auf deinem
Sterbebett liegst, um nach einem Rettungsschwimmer
zu suchen. Ich flehe dich heute an, Jesus in dein Leben
aufzunehmen. Er ist der einzige Rettungshelfer, den du

wirklich brauchst. Bitte bekenne deine Sünden, glaube in deinem Herzen, dass Jesus für dich gestorben ist und verkünde mit deinem Mund, dass Jesus der Herr und Retter ist. Du wirst nicht nur ewiges Leben in der kommenden Welt haben, sondern du wirst schon im Hier und Jetzt Leben in Fülle haben. Bitte stirb nicht in deinen Sünden!

Let's Make a Deal ist eine Fernseh-Gameshow, die 1963 zuerst in den Vereinigten Staaten ausgestrahlt und seitdem in vielen Ländern auf der Erde reproduziert wurde. (In Deutschland hieß sie „Geh auf's Ganze".) Als ich ein kleiner Junge war, hatten wir nur drei Kanäle, auf denen wir uns Fernsehsendungen ansehen konnten. Es machte viel Spaß, sich Gameshows anzusehen und ich neigte dazu, mit dem Unterlegenen mitzufiebern, was ich heute immer noch so mache.

Zu *Let's Make a Deal* gehören der Moderator und aus dem Publikum ausgewählte Kandidaten, bekannt als „Händler". Normalerweise wird einem Händler ein wertvoller Gegenstand gegeben und er muss sich dann entscheiden, ob er den Gegenstand behalten oder gegen einen anderen ihm unbekannten Gegenstand umtauschen möchte. Der Sinn dieses Spiels liegt in diesem Ungewissen – der Händler weiß nicht, ob der ihm unbekannte Gegenstand den gleichen oder einen höheren Wert hat oder ob es ein „Zonk" ist, ein Preis von minimalem oder keinem Wert für den Händler.

Am Ende der Show wählt der Moderator drei Personen aus, die bereit sind, ihre Preise aufzugeben, um zu versuchen, den „großen Deal des Tages" zu erwerben. Jeder Kandidat, der zustimmt, wählt eine der drei angebotenen Tore. Der Moderator fragt den ersten Kandidaten: „Möchten Sie Tor Eins, Tor Zwei oder Tor Drei?" Der nächste Kandidat wählt zwischen den zwei verbleibenden Toren aus und dem letzten Kandidaten wird das einzig verbleibende Tor zugewiesen. Zum Leidwesen eines der Kandidaten befindet sich hinter einem Tor immer ein Zonk oder ein Trostpreis.

Bei Gott wissen wir, was sich hinter den Toren befindet und die Wahl ist viel einfacher, weil es nur zwei Tore gibt, aus denen wir auswählen können. Wenn du Tor Eins wählst, erhältst du Jesus als Opfer für die Vergebung deiner Sünden und erhältst somit den Hauptpreis, nicht nur den Tagespreis, sondern den Preis für die Ewigkeit. Wenn du Tor Zwei wählst, erhältst du Jesus und sein Opfer für die Vergebung deiner Sünden nicht, sondern du stirbst in deinen Sünden für die ganze Ewigkeit – der ultimative Zonk.

Ich weiß, dass es zu einfach zu sein scheint, aber wenn du wirklich dein Fehlverhalten und deinen Egoismus in Angriff nimmst und wenn du dich mit dem Schmerz und dem Leiden auseinandersetzt, das du anderen zugefügt hast, hast du Schuldgefühle. Das ist auch gut so, weil es dich zur Buße und Veränderung leitet. Du kommst vor Gott und nimmst ihn beim

Wort, dass er dich rein waschen und dir ein neues Herz geben wird. Das Wunder wird eintreffen, wenn du dich entscheidest, ihm nachzufolgen. Er wird dich von innen aus verändern. Er wird dich befähigen und anleiten, damit du statt eines Zonks einen großen Deal gewinnen kannst – nicht so sehr wegen deiner eigenen Ehre, sondern damit du er dich gebrauchen kann, um das geistliche Klima des ganzen Universums zu verändern.

Frag mich nicht, wie er das macht. Es gibt Dinge, die unerklärlich sind, Geheimnisse, die zu tief sind, um sie zu ergründen und seltsame Umstände, die den kühnsten Intellektuellen ein Rätsel sind. Ich weiß nur, dass ich der König des Egoismus war, der nur mit sich selbst beschäftigt war, und jetzt für andere lebe und diese sogar über mich selbst stelle. Es ist eine große Veränderung in mir geschehen und das finde ich super! Bitte wähle Tor Eins – und stirb nicht in deinen Sünden!

ÜBER DEN AUTOR

Rabbi Greg Hershberg wurde in New York City geboren und im orthodoxen Judentum erzogen. Er absolvierte die Pace University mit Magna Cum Laude und war später Inhaber und Geschäftsführer eines Personalberatungsunternehmens in New York City, das sich auf Bankwesen und Finanzen spezialisiert hatte. 1989 heiratete er Bernadette und während seiner Flitterwochen in Israel hatte er eine Erscheinung des Herrn, die sein Herz dazu leitete, Gott zu dienen.

1992 begann Rabbi Greg, sich in der Messianischen jüdischen Bewegung (Messianic Jewish Movement) zu engagieren und wurde von der International Association of Messianic Congregations and Synagogues (IAMCS) ordiniert. Er wurde der Leiter der messianischen Gemeinde Beth Judah. Im Jahr 2002 führte der Herr Rabbi Greg und seine Familie nach Macon, Georgia, um die Gemeinde Beth Yeshua zu leiten.

Im Jahr 2010 wurde der Dienst weltweit tätig und die Gemeinde Beth Yeshua wurde zu Beth Yeshua International (BYI). Aus einer Gemeinde in einem Ladengeschäft wurde ein internationaler Dienst/ Trainingszentrum in Macon, Georgia, mit Gemeinden und Schulen in Indien, Kenia, Äthiopien, Australien, Deutschland, Israel und in ganz Amerika. Außerdem werden Rabbi Gregs Botschaften live in der ganzen Welt gestreamt.

Rabbi Greg wohnt derzeit zusammen mit seiner Frau Bernadette und ihren vier Kindern in Macon, Georgia. Mehr über Rabbi Greg kannst du in seiner Autobiografie *From The Projects To The Palace* erfahren.

www.bethyeshuainternational.com